11J El despertar

DE UN PUEBLO

LIBERTAD

Daniel Pérez Vega

Dedicatoria

Este libro se dedica a todas aquellas personas que, de alguna manera, han luchado de manera incansable por la libertad de Cuba frente a una dictadura que mercadea con la dignidad humana: la dictadura de los Castro. En especial, al histórico exilio de Miami. De igual manera, lo dedico a los incansables luchadores por los derechos humanos, a las Damas de Blanco, al movimiento San Isidro, UNPACO y muchos más. A todos los presos políticos cubanos. En especial, Maykel Osorbo, José Daniel Ferrel, Luis Manuel Otero Alcántara, Oswaldo Payá, a Laura Pollán, Pedro Luís Boitel, Orlando Zapata Tamayo; a todas aquellas personas que sacrificaron sus vidas por esta noble causa; a los artistas, en general e influencers que día tras día contribuyen a mantener vivo el fervor de nuestra lucha; a los periodistas independientes; a todos aquellos que, tras el 11J[1] padecen injustas condenas en cárceles de la dictadura, simplemente por exigir sus derechos; a los militares y policías que han cerrado sus oídos a la voz del pueblo; a mi querida tía Rosa Vega Lora, incansable luchadora por la verdad y justicia.

De igual manera, lo dedico a mi abuela Estrella Pérez Guerra, valerosa combatiente del ejército rebelde, quien, al constatar el engañoso rumbo de la revolución, me confesaba con pesar: «Nosotros no luchamos para esto, nos han, engañado».

A todos ellos les doy las gracias por brindarme la oportunidad de proclamar al mundo que "la libertad es el derecho de expresar nuestros pensamientos, de luchar por lo que amamos. Libertad es libertad y se nos escapa de las manos cuando otros imponen su voluntad y reprimen nuestros actos".

---

[1] Acontecimiento ocurrido el once de julio, donde el pueblo de Cuba se lanzó a las calles en un grito desesperado por cambios en el país.

Agradecimiento

Agradezco a mis hijos, Randy Daniel Pérez Simono, Andy Daniel Pérez Simono y Yandy Daniel Pérez Simono, fuentes de inspiración y aprendizaje, quienes, con su juventud, me han mostrado el camino a seguir. A mi esposa Moraima Navarro Iglesias, cuya presencia se siente en cada página de esta obra. Sus correcciones y sus largas horas de desvelo a mi lado han sido fundamentales para culminar este tan anhelado proyecto. Un agradecimiento especial a Blanca Esther Oropeza, autora de novelas y poesías, que me ayudó con la edición de este libro.

Sinopsis

En las profundidades de una Cuba gobernada por una dictadura implacable, se desarrolla una historia conmovedora de transformación y redención. Esta novela, basada en hechos reales, narra el viaje de un hombre, un esbirro leal a un régimen opresivo, cuyo corazón y convicciones son desafiados por la inesperada influencia de un niño valiente, de Ariel, un policía diferente al resto, un desafiante opositor y el amor de su bella mujer.

Ortiz, un hombre endurecido por años de servicio a una institución dictatorial y sin compasión, ve su mundo tambalearse cuando Marlon, un joven luchador con la inocencia de un ángel y la determinación de un guerrero, entra en su vida. A través de los ojos de Marlon y de los actos de valentía y amor, Ortiz comienza a cuestionar las verdades que siempre había aceptado.

Esta novela explora el poder transformador del amor y la empatía frente a la brutalidad y la represión. Ambientada en el tumultuoso contexto de los acontecimientos del 11 de Julio en Cuba, la historia se despliega revelando cómo las convicciones más arraigadas pueden ser cuestionadas y como, incluso los corazones más endurecidos pueden encontrar redención.

11J: El despertar de un pueblo es un testimonio del espíritu humano y su capacidad para cambiar, ofreciendo una visión íntima de la lucha por la supervivencia, la dignidad y la libertad de Cuba, un país marcado por la opresión y el conflicto. Este es un relato de cómo el amor y la resistencia pueden iluminar los rincones más oscuros del alma humana.

Capítulo 1

Esta es la historia de Ortiz, un esbirro de la dictadura cubana, cuya vida se verá transformada por la inocencia y la valentía de un niño, Marlon. Cuando el amor trasciende, el dolor y la metamorfosis del alma se van adentrando en el corazón de un hombre endurecido por la lealtad a un régimen implacable, un hombre cuyos ojos se abrirían gracias a este joven que lucha incansablemente por sobrevivir.

«No te retrases, Marlon, échale ganas, tú puedes —se escuchó una voz desde el tupido manglar—. Recuerda que tenemos que llegar al lugar acordado y dejar la mercancía, si no la entregamos, no habrá dinero, y nos iremos para la casa en Blanquizal de Jaruco,[2] sabes que nos hace falta el dinero y por eso estamos aquí».

Así comenzó todo en una madrugada de abril. Marlon, un niño de catorce años se había convertido en cabeza de familia por una cruel vuelta del destino. Tuvo que dejar la escuela para dedicarse por completo al deporte nacional de Cuba: la lucha. Un deporte en el que todos los cubanos están involucrados, no tanto por elección, sino por necesidad de sobrevivir. La repentina muerte de su padre y la enfermedad de su madre no le dejaron otra opción. Tomar las riendas era inevitable; la falta de dinero desveló la vulnerabilidad de sus hermanos menores y la profunda preocupación de su madre. El dinero no alcanzaba ni para comer, y mucho menos para satisfacer otras necesidades básicas. Como reza el refrán callejero: "Cuando la necesidad es obligada, la supervivencia es un derecho".

Cansado de caminar por el agotador manglar, sus pasos se volvían cada vez más lentos, la espesura del

---

[2] Cubanismo. Se refiere a irse con las manos vacías.

fango se hacía más impenetrable y la agotadora carga irresistible. Sus pies, descalzos, sangraban. Aun así, no sentía dolor, el deseo de avanzar era su prioridad. Sus zapatos, los únicos, los había perdido en tan desigual batalla: el manglar se los había arrebatado como un trofeo más sobre el desafortunado novato.

La lucha interna entre su cansado cuerpo y su conciencia era interminable. El cuerpo le decía que no podía más y la conciencia, por su parte, le decía que sí lo podía lograr. Aturdido, se detuvo un instante para tomar aliento, diciéndose: «Tomaré un descanso y luego continuaré; así estaré en paz con mi cuerpo y con mi conciencia. Rendirme jamás».

Su mano izquierda sostenía con fuerza un palo que le servía de apoyo, mientras la mano derecha se aferraba a la carga, como las garras de un águila a su presa. Sin pensarlo dos veces bajó la angustiosa carga y suspiró. Se miró las manos; estas estaban engarrotadas; no podía abrirlas ni cerrarlas. Las envolvió en algunos trapos, que otros desdichados como él dejaban tirados durante la travesía. La vida es un ciclo, lo que unos desechan, otros lo utilizan por necesidad, recordó la frase que el padre siempre decía y que hoy pudo comprender.

Su padre era un hombre extraordinario; solo vivía para darles una vida desahogada, sin muchos lujos, pero cómoda. Ejecutaba cualquier trabajo; lo llamaban de manera cariñosa el hombre orquesta: era albañil, plomero, electricista; para él nada era imposible de hacer con tal de llevar bienestar al hogar. Su esposa era el gran amor de su vida; los niños, el más grande tesoro. La mayoría de las veces fue duro como un roble; otras, cariñoso como un ángel, dando a la medida perfecta a su educación. En ese momento de dificultad, Marlon comenzó a extrañar a su padre como nunca. Pensaba cuánto desearía poder escuchar esos consejos que una vez le resultaron tan aburridos: «Hijo mío, el tiempo es el único que no se detiene. Siempre nos juega en contra. Nos enseña a amar verdaderamente lo que hemos perdido, porque el tiempo es irreversible. No vuelve atrás para decir: me equivoqué o no hice lo que debía de hacer, quedando atrapados nuestros recuerdos en el olvido; el abrazo que no diste, la palabra que debías decir y no dijiste, forman parte del pasado». Su padre, su amado padre, siempre terminaba su conversación de regaños o de afecto, con esa palabra, insignificante para él en aquel entonces y que hoy lo es todo: te amo.

Te he amado mucho, papá —se escuchó Marlon diciendo en alta voz—. Por nosotros fuiste hasta poeta. ¿Recuerdas aquel poema que nos escribiste, papá? Hoy forma parte de mi tesoro personal. ¿Sabes? Cada vez que estoy en momentos difíciles lo recuerdo.

Marlon comenzó, entre lágrimas y sentimientos encontrados, a escucharlo desde su interior:

Cuando el camino se haga difícil
y el llanto cubra tu ser,
yo siempre a tu lado estaré,
yo siempre a tu lado estaré.
Y si el viento despeina tu pelo
y la lluvia moja tu piel,
yo siempre a tu lado estaré,
yo siempre a tu lado estaré.
Y te amo, te amo,
te amo y siempre te amaré.
No importa en dónde yo esté,

no importa en dónde tú estés.

Y te amo, te amo.

Te amo y siempre te amaré.

No importa en dónde yo esté,

no importa en dónde tú estés.

Yo seré tu risa,

yo seré tu llanto;

nuevas melodías para fin de año.

Yo seré la luz, que entra en tu ventana,

dándote un besito todas las mañanas.

Y te amo, te amo, te amo,

y siempre te amaré.

No importa en dónde yo esté,

no importa en dónde tú estés.

Así eras, papá —evocó—. Tu recuerdo me hace fuerte, me inspira a seguir adelante. Nunca te derrumbaste, ni siquiera en la enfermedad.

Marlon puso la adolorida mano izquierda en el corazón, miró al cielo y dijo:

—Gracias, papá, por estar siempre a mi lado.

Los mosquitos no parecían estar agotados como él. Lo atacaban, una y otra vez, en su naturaleza vampírica y lo llevaban a una desesperación total: ¡A la locura! Solo en movimiento podía olvidarse de tan despreciable insecto. Cerró los ojos, respiró profundo, y se dijo a sí mismo: «Soy fuerte, si otros lo hacen, ¿por qué no puedo hacerlo yo?».

Sin percatarse, sus compañeros se habían adelantado más rápido que él y ya no lograba divisarlos. Eso le generó un profundo temor, dado que era inexperto en esas tareas. Inhaló profundamente y, reuniendo las fuerzas que le quedaban, retomó su arduo trabajo sin sospechar que se iba alejando del camino más y más, acercándose a la peligrosa carretera, donde siempre había un carro de la policía, patrullando la zona a la caza de algún entretenido.

Entrar en negocio en las fábricas de los alrededores de la ciudad era el día a día, no solo de los luchadores de a pie como ellos, los patrulleros tampoco eran la excepción, representando la otra cara de la moneda, los luchadores VIP, como se les conocía por el pueblo. Con visa y pasaporte entraban en otro nivel del juego. Ser la autoridad les daba buenos beneficios, formando parte de una gran élite de personajes del buen vivir, ganadores del indiscutible Premio Nobel del descaro y la falta de respeto. Como toda regla tiene su excepción, este policía que está a punto de entrar en su historia era diferente a otros. No entraba en jugada. Vivía bien, y era considerado por muchos como un letal depredador; siempre dispuesto a cumplir con su deber sin importar la situación. Llevando como estandarte la frase maquiavélica: «el fin justifica los medios». El lobo Ortiz (llamado así por todos) era capaz de cualquier cosa por subir al escalón más alto del régimen policial, como su progenitor, que también es un esbirro del gobierno. Su falta de bondad y su gran sentido de superioridad lo hacían para el cubano de a pie un ser despreciable. Solo su esposa lo veía diferente, gracias al milagro del amor.

El fatal día de Marlon lo llevó paso a paso hacia él, por obra del destino o por casualidad. Él estaba a punto de conocer al lobo Ortiz, un cazador, que, con el tiempo, iba a ser cazado. Ariel, su compañero de patrullaje era diferente. «Vive y deja vivir, que la gente está necesitada», era su frase preferida y la que siempre le decía al lobo con orgullo. Ariel, de manera intencional, ignoraba una situación o actividad que estaba mal y que no tuviera grandes consecuencias, siendo muy duros con los delincuentes que de verdad le hacían daño a la sociedad y muy comprensible con esas personas que solo buscaban el día a día para sobrevivir

Capítulo 2

La patrulla se desplazaba con lentitud y sigilo por los alrededores de la ciudad con las luces apagadas. Parecía una fiera hambrienta en acecho, persiguiendo a su presa durante horas, escondida entre las sombras de la noche, esperando el instante preciso para atacar. Ariel se sobresaltó cuando, de súbito, resonó la voz autoritaria del lobo Ortiz:

—Detén el carro, Ariel. Me parece que vi movimiento en el manglar. Es hora de que el lobo empiece a cazar —dijo Ortiz, quien había desarrollado un sentido de caza muy agudo, propio de los de su clase que les permiten detectar a las presas a larga distancia.

—¿No me digas que vas a cazar cangrejos en ese fanguero? —preguntó Ariel de una forma jocosa, mientras dejaba escapar una risa burlona.

—Sabes bien a lo que me refiero, bufón. Es hora de trabajar; así que ponte pa'la cosa que no estamos de turismo.

—Como usted diga, mi General. Solo es una broma. A decir verdad, deja a ese infeliz —repuso Ariel, y prosiguió—, seguro de que está luchando como todo el mundo, además, amigo mío, yo no me voy a meter en ese fanguero para agarrarlo, mejor vamos al frigorífico a ver que se nos pega, que la casa está en blanco. Tú sabes cómo se pone la gorda cuando no hay na'.

—Yo no trabajo para que se me pegue nada, yo trabajo para hacer cumplir la ley; ese es mi deber y también el tuyo.

—¡Qué gracioso eres! —exclamó Ariel, con un matiz de reproche en su voz—. Yo también cumplo con la ley. Soy implacable con los abusadores, violadores y delincuentes que lastiman al pueblo. Pero al mismo tiempo, tengo el deber de alimentar a mi familia; en ese barco, soy el capitán, incluso siendo policía. Y a diferencia de ti, yo no soy ciego. —Ariel hizo una pausa para respirar y continuó con firmeza—: Escucha bien, Lobo, es hora de hablar claro. Lo que voy a decirte ya lo sabes, pero lo reiteraré. Si a mí, como policía, me proporcionan una jaba [3] con víveres, productos de higiene, un buen salario y no me alcanza para tener un mes tranquilo, y tengo que buscar soluciones en las calles para satisfacer las necesidades de mi familia y poder decir ¡barriga llena, corazón contento! Entonces, dime, amigo mío, ¿cómo esperas que aquellos que no reciben nada de nadie puedan sobrevivir? Sabes que, en río revuelto, ganancia de pescadores. Si los de arriba roban, ¿por qué no lo harían los de abajo?

—Mira, Ariel, tú eres un policía corrupto como hay muchos, sin principios ni moral, que se aprovechan de su posición para hacer lo que les da la gana. Yo no robo o lucho como tú dices, solo cumplo con mi deber. Nadie me puede señalar con un dedo. —Hizo un alto en su

---

[3] Bolsa de tela o plástico. En Cuba se usa para denominar una remuneración con víveres, que se le da a algunos organismos con ciertos privilegios.

diatriba—. Yo vivo para defender a la Revolución de todos los antisociales que nos hacen daño. Los que tienen uniforme y los que no; y quiero que sepas que no te he denunciado por el respeto que tengo a mi padre, porque tú eres su compadre, pero no me jodas tanto que en cualquier momento esa gota llena el vaso y hago lo que tenía que hacer hace rato.

—Tú crees que yo tengo miedo —ríe Ariel— por decir lo que pienso. Estás muy equivocado. No importa que yo sea compadre de tu papá. La verdad es la verdad. ¿Tú crees, que tu papá, el gran coronel, sufre la carencia que sufre la gente de a pie? ¡No jodas, Ortiz! No hablemos de ti, que a pesar de todos los beneficios que tienes por ser policía, tienes una vida de figurín. Llegas a casa, te comes los manjares que te ponen en la mesa sin saber de dónde salen. Así cualquiera vive, por eso nadie quiere trabajar contigo.

—¡Trabajar conmigo! —exclama el lobo Ortiz, bien enfadado—. A mí no me interesa trabajar con nadie, lo que ustedes quieren es vivir haciendo lo que no se debe, o sea, lo que les dé la gana, y conmigo eso no va. Si quieres vivir de figurín como yo búscate una cuñada que viva en el Yuma y te mande dólares, ¡dólares! Además, lo que toca, toca, y lo que toca aquí es trabajar, y si no quieres hacer tu trabajo es muy sencillo, pide la baja y vete. —Se alteró y dijo en alta voz—. Te dije que pares el carro. Llegó el momento de que el lobo comience a cazar y no hablar tanta mierda. El jefe del carro soy yo.

Su rapidez era impresionante, sin dar tiempo se abalanzó sobre el muchacho, que no pudo correr. La fatiga y la desesperación de verse perdido había apagado en él los sensores del peligro, sucediendo lo que menos esperaba.

—Te agarré con las manos en la masa —le gritó el arrogante policía, en un gesto de satisfacción por el «deber cumplido»—. Baja el porrón, estás detenido, y no te hagas el loco de correr, porque a este lobo no se le escapa nadie. —Ortiz reía satisfecho por su supuesta hazaña.

Ortiz lo agarró con fuerza por las adoloridas manos, demostrando su autoridad. El susto provocó que su ritmo cardíaco se acelerara, como avalancha de potros salvajes. El aumento de su respiración fue visible. Un inesperado dolor en el estómago demostraba su virginidad en ese negocio callejero. «Ay, mi madre —pensó—, en vez de mejorar las cosas las he empeorado. No quiero disgustar a mi madre. ¿Qué hago, Dios mío?» —se preguntó el muchacho, una y otra vez, aturdido y desorientado. Comenzó a llorar sin consuelo. Luego, como fiera amaestrada, siguió la voz de mando de su captor. Al bajar el porrón dejó al descubierto un juvenil rostro. El asombro de Ortiz fue obvio. La duda se apoderó de él. No sabía qué hacer o qué decir.

—¡Dios mío, si eres un niño! —vocifera el policía, con gran asombro.

—¿Cómo te llamas? ¿Qué edad tienes? —preguntó Ortiz, de manera autoritaria

—Yo, señor, me llamo Marlon, y tengo catorce años.

—¿Qué hace un niño de catorce años robando aceite?

—Cosas de la vida, señor —nervioso, fue lo primero que se le ocurrió decir.

—¡Qué cosas de la vida, ni qué cosas de la vida! Mira, mocoso, tú lo que tienes es que estar en la escuela estudiando —refunfuñó Ortiz y prosiguió—: Este mundo está perdido, ¿a dónde iremos a parar? No te mueras para que veas cosas. Vamos, muchacho, agarra el porrón y caminemos hasta la patrulla. Hoy dormirás en la policía, mañana mandaré a buscar a tus irresponsables padres y ellos me van a decir en mi cara por qué tú estás robando.

Marlon no dijo nada. Un nudo en la garganta había secuestrado su voz. No pudo aguantar más y comenzó a llorar una vez más de manera descontrolada. Después de unos minutos de silencio y al recuperar el control que le quedaba, dijo con tímida voz:

—Señor, mi madre está enferma, no la moleste con malas noticia, se lo ruego por Dios.

—¿Por Dios? Hoy no te salva ni *el medico chino*.[4] Lo hubieras pensado mejor, y te hubieras quedado en casa haciendo tareas y no estas fechorías, que solo te degradan y te convierten en un ladrón. No hables más, que me haces enojar. Y te juro que te puede ir peor —reclama Ortiz en alta voz

---

[4] Expresión se refiere a la fama de un supuesto doctor chino Cham Bom-Biá que fue uno de los tantos botánicos radicados en Cuba considerado el precursor de la medicina tradicional china en la isla.

Marlon estaba muy cansado; solo deseaba salir de este enredo. Con las pocas fuerzas que le quedaban tomó el porrón de aceite. Aferrándose a su rústico bastón, comenzó el recorrido hacia el lugar que el policía le indicaba. En pocos minutos estaba donde quería su captor. Por su parte, Ariel miraba desconcertado al niño desde el interior de la patrulla. Salió con prontitud, y le dijo a Ortiz:

—¡Si es un niño, compadre! Dime, ¿qué piensas hacer con él?

—Yo lo que voy a hacer es lo que hace un policía, llevarlo para la estación y meterlo en el calabozo. Mañana buscaré a sus padres, y tomaré medidas por estar criando delincuentes.

—No jodas —repuso el asombrado Ariel—, es solo un niño, y te aseguro que alguna razón tiene para hacer lo que hizo. A lo mejor, lo obligan o tiene mucha necesidad. Con mis años de experiencia, algo me dice que esa cara no es de un delincuente. Lobo, para juzgar, primero tienes que preguntar. ¿Ya le preguntaste por qué lo hizo?

—Yo no tengo que preguntar nada. Lo mío es atrapar delincuente, y este es uno.

—Señor —se escucha la voz del angustiado muchacho, mientras no paraba de llorar—, por favor, a mi madre no le digan nada. Está enferma y no quisiera disgustarla.

—Te dije, que ese no es mi problema, si estuvieras en casa cuidando de tu mamá, enferma, no te pasarían estas cosas. Ahora, aguanta como un hombrecito.

—Es verdad, señor, tiene toda la razón —contesta Marlon, entre lágrimas—. Nada justifica lo que he hecho, y como me decía mi papá, después que uno se cae y se parte la cabeza, ¿para qué lamentarse? Lo mejor es ir al médico y curarse la herida. Aprender de los errores es lo que nos hace madurar y ser mejor. En esta ocasión, señor, le juro que no tuve otra opción.

—Siempre hay opción —grita Ortiz indignado—. ¿Piensas que yo estoy vestido de policía por amor al arte? Yo pude haber tomado cualquier camino, el bueno o el malo; sin embargo, yo escogí el correcto y tú el equivocado. No hay justificación.

—Bla bla bla —se burla Ariel. Abre el maletero del carro, saca un pomo de agua y algunos trapos limpios. Se dirige al muchacho y con suavidad le limpia las heridas de los pies. Prosigue—: Tú, lobo, tienes un gran padre y una gran madre como los tuve yo, y siempre hemos sentido su apoyo. Todo el mundo no tiene la misma suerte, cada ser humano tiene una historia distinta, y este niño debe de tener la suya, y yo estoy aquí para escucharla. Vamos, hijo, cuéntame por qué haces esto. En lo que escucho tu historia, te limpio un poco las heridas. Dios mío, cómo estás de magullado.

Marlon seca sus lágrimas, alza la mirada, buscando la compasión de sus captores y dice:

—Como le dije al señor, mi padre está muerto. Él era el único sustento de la casa, puesto que mi madre está enferma de artritis y solo se dedicaba de la atención mía y de mis tres hermanos menores. Ella y papá eran muy apegados. No les tengo que decir que la muerte de papá la desbastó. Su incapacidad de no podernos dar una vida desahogada la ha alterado mucho.

—El gobierno le da ayuda social, ¿no? —pregunta el lobo.

—Sí, señor, una pequeña pensión que no alcanza para nada. Soy el mayor y tengo que buscar el dinero, cueste lo que cueste, para poder sobrevivir. Es un caso de vida o muerte.

—Sí, hijo, hay que ser ciego para no ver que tu cuerpo habla por sí solo, esos pies destrozados, las manos desbaratadas y todo el cuerpo rasgado por las ramas de los árboles, demuestran tu gran esfuerzo y de lo que eres capaz de hacer por los tuyos. Por mi parte, te dejo libre, te llevo hasta tu casa y te dejo el porrón de aceite y si te sirven mis botas te las regalo —dijo Ariel de una forma paternal.

—¡Cómo te gusta violar las reglas! Eres el rey de las violaciones. Esta revolución está perdida por contar con policías como tú, que una simple historia les desgarra el alma y no pueden cumplir con su deber. No seas tan bueno, amigo mío, que a las personas dulces se las comen las hormigas —responde el lobo enfurecido.

Marlon suspira profundo y al tomar con sus adoloridas manos las de Ariel, le da las gracias.

—Gracias, señor, yo cometí un delito y sé muy bien que ustedes tienen que cumplir con su deber. Antes, quisiera decirle algo a este señor. Mire —prosigue Marlon, después de hacer un gran esfuerzo y ponerse de pie—, por personas como usted es que este país ha perdido la sensibilidad humana.

»Quiero que sepas, que personas de a pie como yo vivimos en una jungla donde sobrevive el más fuerte o el que más influencias tenga. Para nosotros no existe un mañana, porque nuestro futuro es incierto, mientras personas como ustedes, digo, como tú, apartando a Ariel, viven en una burbuja. Sí, una burbuja, que no les permite ver la realidad, porque solo viven para sí mismos. Estando bien ustedes, está bien el mundo. ¿Me podría decir usted o alguien más, ¿cómo mi mamá podría alimentar a mis hermanitos con estos precios tan elevados? Yo la he visto llorar, desesperada, porque no tiene leche o comida para darnos a mí y mis hermanitos. He ido con ella a muchas oficinas pidiendo ayuda y no hemos resuelto nada, señor. Yo no sabía lo que era la desesperación hasta que vi a mi madre tratar de suicidarse porque ya no tenía valor, ni sabía cómo enfrentar nuestros problemas por su triste estado y condición. Solo se detuvo cuando escuchó mi voz gritándole que no lo hiciera. «No nos dejes solos, por favor, madre mía. ¿Qué nos haríamos sin ti?». La abracé fuerte, tuve tanto temor de perderla como a papá. Comenzamos a llorar junto. Luego la miré a los ojos y le pedí que confiara en mí, que yo la iba a ayudar. «No vamos a pasar más hambre. Te lo juro por la memoria de papá. No nos dejes solo, por favor». Desde ese momento, ya no fui más el niño que sus padres le dieron todo. En ese instante comenzó mi cambio.

»Aprendí que los alimentos de la libreta de abastecimiento no llega ni a la mitad de mes, que mis hermanitos pasan de los siete años y ya no les toca leche, siéndoles privado el tan necesario alimento, y cuyo precio en las calles **es** inaccesible para un trabajador común, mucho menos para mi madre; aprendí que las tiendas en dólares, a la cual no tenemos acceso, puesto que no ganamos en esa moneda, solo es para personas que tienen familia en el extranjero, los cuales son beneficiados, como son beneficiados personas con mucho poder, de los que no podemos hablar sin ser castigados; aprendí en la calle lo que no aprendí en la escuela: a sobrevivir.

»Además, ¿cómo cree usted, señor de la burbuja, que nosotros, sin ningún respaldo económico, podamos sobrevivir a tanta miseria? Si no lo sabe, yo se lo diré: aprendí a vivir del invento o del robo como usted suele decir. Sí, no ponga esa cara de que no sabe lo que estoy diciendo. Vivimos y luchamos en las calles el día a día, unos roban y otros venden. Así funciona el mercado negro en los hospitales, farmacias, construcciones e industrias. En fin, en todos lados los recursos son robados por su empleado, puesto que el salario no le da para finalizar el mes o tener una vida digna. En este país casi todo el mundo lucha.

—¿Luchar le dices tú? —preguntó Ortiz—. A eso, yo lo llamo robar.

—Si usted lo dice, yo respeto su opinión, como usted debería respetar la mía, cosa que no sucede en ningún lugar de este país, además, cuando les digo que todo el mundo en Cuba lucha o roba, es porque todo el mundo lo hace. Los políticos, los generales, los policías corruptos y altos cuadros de esta sociedad, conocidos en las calles como luchadores "VIP", y los cuellos blancos, que son ladrones también; ladrones con autorización.

Para usted ellos no roban, solo resuelven. ¿No cree usted que es el mismo perro con diferente collar? Entonces, le repito, para mí, en Cuba todo el mundo lucha o roba.

—Yo no robo, mi honradez no me lo permite, y sé de muchas personas que no lo harían por la misma razón —afirma el lobo Ortiz.

—¡Qué lindo habla un mantenido como usted! —responde el muchacho enojado, y prosigue—: Mire, señor, no piense que no lo conozco. Yo sé cómo vive y sé que vive de las remesas que manda su cuñada desde los Estados Unidos, a la cual usted llama gusana. Una gusana que lo viste y lo calza, llenándole la barriga, sin reclamarle nada. A ella la soporta porque usted es un oportunista o como dicen muchos por ahí actúa con una doble moral.

El asombro de los policías se hizo notar. Se miraron, uno al otro. Ariel preguntó:

—Muchacho, ¿de dónde tú sacas eso?

—Sí, ¿de dónde tú sacas eso, muchacho de los mil demonios? —repitió Ortiz encolerizado.

—Yo soy del barrio donde vive usted con Amalia —respondió Marlon sin temor—. Ella es una gran mujer, nada que ver con usted. Yo vivo a solo dos cuadras de ustedes. Claro, señor de la burbuja, que no me conoce. Esa burbuja no le permite ver a personas como yo. Las alturas no lo dejan mirar hacia abajo. Eso es pura vanidad. Gracias a Dios hay buenos policías como usted —señalando a Ariel—, que viven la realidad, del día a día. Usted sí tiene los pies en la tierra. Gracias por todo, gracias por escucharme, por curarme, y, sobre todo, por tener ese gran corazón. Dios los bendiga. Llévame para dónde usted quiera —le dijo a Ortiz—, que yo voy a volver mil veces, si es necesario, porque cuando la necesidad es obligada, la supervivencia es un derecho.

—Míralo, míralo, un gallito de pelea. Así tú quieres que no lo lleve para la unidad. Aparte de ladrón me ha salido un poco gusanito. A este muchacho le están llenando la cabeza con todas esas mierdas. Tenemos que pararlo a tiempo. Un niño de catorce años no habla así.

—A mí nadie me ha metido nada en la cabeza. Vivo en una sociedad donde se dice que todos somos iguales, y eso es mentira. En mi aula, señor, hay de todo tipo de chamacos: hijos de padres dirigentes, que los llevan en carro a la escuela, las meriendas espectaculares, los zapatos son caros y de marcas extranjeras, inalcanzables para mí.

»Muchos de estos personajes, que ya les mencioné, marcan la diferencia. Sin embargo, los hijos de simples trabajadores, como yo y mis hermanos, tenemos que conformarnos con lo que nuestros padres nos puedan dar, es decir: nada. A pesar de eso, somos víctimas de burlas, por vestir diferente o simplemente no estar a la moda, además, cualquier niño como yo, sabe bien lo que vivimos a diario. Todas estas dificultades son las que nos convierten en diferentes. Yo no vivo en una burbuja, yo vivo en la Cuba actual, donde la vida es dura y los ciegos abundan. Es que no quieren ver lo que no les conviene.

Las palabras de Marlon enfurecieron al orgulloso policía. Como un rayo, se abalanzó sobre él, y, entre insultos y empujones, lo condujo al carro de patrulla.

—No hables tanta mierda —le dijo—. Esta revolución ha hecho mucho por todos nosotros. Eres un mal agradecido.

Marlon no dijo nada más, solo quería que acabara ese difícil momento. Sin protocolos, los empujones prosiguieron, sin importarle su adolorido cuerpo, Marlon continuó como Jesucristo a su calvario

—Eres un animal —le reclamó Ariel al Lobo—, ¿por qué lo maltratas?

—Cállate y vámonos que no estoy para tus reclamos —dijo Ortiz.

Ariel, después de observar al enfurecido policía, pone en marcha el carro, y haciendo un gesto de desacuerdo, dice:

—Está bien, vamos. Tú eres el que manda. Solo espero que te quede claro que yo no estoy de acuerdo con tus métodos abusivos. —Sin decir más, el silencio se apoderó de ellos. **En** ese instante Marlon cerró los ojos; la incertidumbre lo agobiaba. A unos minutos del lugar de donde salió en calidad de prisionero, la voz de Ariel lo despertó—. Vamos, muchacho, llegamos. Veré que hago por ti.

En la comisaría, el joven Marlon se encontraba en el centro de una mezcla de miradas y comentarios. Muchos policías, asombrados por su corta edad, no dejaban de opinar: «Es muy chico para estar involucrado en robos. Este mundo está perdido», comentaban algunos; otros simplemente lo ignoraban.

A pesar de las diversas reacciones, había un consenso general: el maltratado estado físico de Marlon generaba una sensación de lástima en todos ellos. Sin embargo, solo Ariel, en un acto de compasión y humanidad, lo trataba como a una persona, no como a un mero detenido.

Ariel lo siguió cuidando. Para Marlon, se había convertido en algo más que un simple oficial; lo veía como un protector, alguien que se preocupaba genuinamente por él en medio de su difícil situación. Lo condujo en persona hasta la celda. Abrió con cuidado la reja, le proporcionó algo con qué cubrirse y le aseguró que había encontrado el sitio más cómodo. En ese gesto, Marlon no solo encontró consuelo y seguridad, sino también la afirmación de que, incluso en los lugares más oscuros, la bondad y la humanidad pueden encontrar un camino para brillar.

—Solo tienes de acompañante al artista. Es una buena persona. Un poco bocón. No le escuches porque te pondrás peor, gallito de pelea. Al amanecer te sacaré. Te lo juro.

En el instante que Ariel cerró las rejas, el mundo del muchacho se desmoronó. Estaba en un sitio al que jamás imaginó ir y del cual tenía malas referencias. El temor superaba a su adolorido cuerpo.

—Entra, muchacho, no tengas miedo —le dijo una voz desde la oscuridad—. Sé que tus ojos no ven nada; tienes que acostumbrarte a las sombras. Si me permites, te ayudo a llegar a la litera.

—No, no, gracias —Marlon le respondió, encendiendo la alarma de su defensa—. Yo puedo. Soy un adolescente con alma de hombre. —Poco a poco, se fue acercando y tomó su lugar.

—Está bien —repuso la calmada voz.

La vida le estaba proporcionando al joven la oportunidad de conocer a estos extraordinarios personajes. Unos buenos; otros no: Ariel, el lobo Ortiz y a este joven músico, sin saber que formarían parte esencial de su historia.

Capítulo 3

El detenido, que había permanecido callado hasta ese momento, esperando, a que el muchacho se acostumbrara a la oscuridad, se presentó como Frank, y, muy amable, le preguntó a muchacho por su nombre.

—Me llamó Marlon, y antes de que me preguntes, me agarraron robando en la fábrica de aceite. Sé que está mal lo que hice. Mi madre está enferma y tenemos mucha necesidad.

—Escucha, hermano, no tienes que justificarte. En este mundo todos tenemos problema, siempre hay un porqué de hacer las cosas. Unos por sinvergüenzas y otros porque lo necesitan. En otros tiempos podría haberte dicho, que esas cosas no están bien, pero hoy casi todo el mundo lo hace. La situación está difícil, a veces no sé qué decir, lo que sí sé es que hay que alzar la voz para cambiar el destino que nos han impuesto —dijo el compañero de celda—. Me duele en el alma esta situación por la que estamos pasando. Este es un pueblo de grandes mártires. El momento esperado está por llegar. Un día saldremos todos a las calles a reclamar nuestros derechos y recuperar nuestra dignidad de cubanos libres, como han hecho muchos de nuestros mártires. Por más de sesenta y tres años, ellos han pagado un alto precio por sus decisiones, puesto que el sacrificio es alma de la libertad. Un ejemplo de estos tiempos modernos es nuestro mártir Oswaldo Payá.

—¿Oswaldo Payá? ¿De dónde sacaste tú a ese mártir, que en la historia de Cuba nunca ha sido mencionado? —preguntó Marlon dudoso.

—Nunca lo mencionan, ni lo mencionarán jamás. Tampoco han hablado de Laura Pollán, Pedro Luís Boitel, Orlando Zapata Tamayo, Eusebio Peñalver, Mario Chanes de Armas, Eloy Gutiérrez Menoyo o el comandante William Alexander Morgan, un norteamericano que luchó junto a Fidel Castro y que más tarde fue fusilado por oponerse a su régimen. Así es, hermano, la historia ha sido manipulada por estos individuos. Ellos la relatan a su conveniencia, convirtiéndola en una herramienta política para adoctrinar, no para exponer la realidad. Mira, otro ejemplo claro es el de Reinaldo Arenas, quien sufrió persecución no solo por su abierta homosexualidad, sino por su crítica al gobierno, que le cerró muchas posibilidades de desarrollo como escritor e intelectual durante los años de mayor ostracismo cultural y sectarismo en la isla. Fue un escritor de los grandes y nunca pudo publicar un libro en su patria.

»Para ellos, es un drama donde son las víctimas y los opositores, los antagonistas. Pero no pueden borrar la historia tan fácilmente. Un día, será contada por aquellos que resistieron, los "plantados". Yo no creé a estos mártires; la historia lo hizo. Viven en cada grito de libertad, en cada demanda popular, en nuestros lamentos. Oswaldo Payá, ese mártir quizás desconocido para ti fue el fundador del Proyecto Varela. Amparándose en la constitución, recogió las firmas necesarias para solicitar cambios legislativos al gobierno, demostrando el respaldo popular a los opositores. Como líder opositor, atrajo la atención internacional, lo que incomodaba al régimen. Su muerte, en un misterioso accidente automovilístico, es vista por muchos, incluyéndome, como un asesinato a manos del gobierno. Por eso, estos héroes no aparecen en los libros de historia de las escuelas bajo control comunista.

—¿Dice usted que ellos lucharon por la libertad de Cuba? —interrumpió Marlon en voz alta—. ¿Qué libertad es esa de la que hablas? Nosotros vivimos en un país libre. Tenemos problemas, como todos, pero somos felices. No entiendo por qué habla así. ¿Acaso no es feliz aquí?

—¿Feliz? —replicó Frank con tono desafiante—. ¿Cómo podría serlo al ver a un niño como tú robando para que su madre enferma pueda sobrevivir?

—¡No me vengas con esa muela! —dice Marlon de una manera enérgica. Trataba de imponerse antes su interlocutor. Hace un gesto de contrariedad y continua—. Eso pasa en muchos países. ¿Ahora me va a decir que no?

—Lo que dices es cierto, hermanito, sé que en muchos países existe el mismo problema que el nuestro. Pero yo no estoy hablando del mundo, estoy hablando de Cuba —contesta Frank de una forma calmada y continúa—. Mi casa primero. Tengo que arreglar mi casa para después arreglar el mundo. ¿Cómo voy a ser feliz viendo como nos quitan nuestros derechos, aplastándonos la voluntad con tiránicas decisiones? Mira, muchacho, mi Cuba, tu Cuba se está cayendo en pedazos, y ellos no hacen nada. Solo culpan al imperio norteamericano. Qué ironía, hoy todos mis hermanos están huyendo a ese "cruel imperio" o cualquier parte del mundo para poder ser feliz. Buscan el derecho que se le ha negado, poniendo en peligro sus vidas. —Frank caminaba inquieto por la celda mientras continuaba su calmada conversación —. Ahora, me podrías decir ¿a qué tú le llamas felicidad?

—Tenemos escuela gratis, medicina gratis, aquí todo es del pueblo —enumeró Marlon.

—Te entiendo, hermanito, te falta madurar un poco más —dijo Frank sonriendo—. ¿Qué edad tienes?

—Catorce años —responde Marlon.

—¡Pero si eres un niño! ¿Estás estudiando?

—No, señor, dejé la escuela. Por cosas del destino. En estos momentos, mi familia depende de mí.

—No creo que sea el destino —negó Frank—. Es el sistema que ha demostrado ser un total fracaso. Me explico: el día que un cubano pueda vivir de su trabajo de manera honrada, el día que niños o jóvenes como tú vayan a la escuela sin pensar en las carencias o necesidades, el día que las madres puedan alimentar a sus hijos sin sufrir el desaire de no saber cómo hacerlo, ese día, yo seré feliz. El día que pueda gritar a los cuatro vientos, que la libertad es el derecho de decir lo que pensamos, que libertad es el derecho de luchar por lo que amamos, que la libertad es libertad; y se escapa de mis manos cuando ellos hacen lo que quieres y reprimen lo que hacemos. Cuando podamos decir estas cosas sin ser castigados, entonces y solo entonces, seré feliz.

Los ojos de Marlon, al fin, se acostumbraron a la oscuridad, pudiendo divisar a su interlocutor. Por su ingenuidad no entendía muchas cosas de las que Frank decía. De lo que sí estaba seguro era que aquel magnífico orador se había apoderado de su atención. Por fin había encontrado el momento y la persona indicada para aclarar algunas dudas.

—¿Opina usted que nuestra Revolución es un fracaso? —preguntó Marlon dudoso.

—Estoy seguro —respondió Frank—. Permíteme explicarte. Hace un momento mencionabas la igualdad. Es lamentable admitirlo, pero en Cuba la desigualdad social es evidente. Básicamente, existen tres clases sociales: en primer lugar, los cuellos blancos; en segundo, los VIP y finalmente, nosotros, el pueblo de a pie. Los cuellos blancos son quienes dirigen al país. Son quienes más se benefician, pues tienen el poder de dictar leyes a su conveniencia y disfrutar de todos los placeres de la vida sin enfrentar resistencia alguna. Por ejemplo, están los miembros del gobierno, seguidos por los militares de alto rango. Luego vienen los VIP, que, si bien no tienen poder legislativo, ocupan posiciones que les proporcionan notables beneficios, permitiéndoles sortear los problemas y vivir con comodidades. En este grupo podemos encontrar a gerentes, policías, encargados de almacenes, entre otros. Por último, estamos nosotros, como ya te expliqué. Aquellos que no dictan ni influyen en las leyes, sino que simplemente las acatan. No podemos resolver nuestros problemas con el escaso salario que recibimos y debemos ingeniárnosla día tras día en las calles para poder subsistir, siendo a menudo castigados de manera desmedida por aquellos que ostentan el poder. A eso, Marlon, es a lo que yo llamo desigualdad.

»Te diré más: esta revolución fracasó desde su comienzo. Muchos lucharon junto a Fidel Castro para acabar con una tiranía que había decepcionado al pueblo. Las promesas de Fidel eran, en ese momento, diferentes a las demás. Implantar una democracia y restituir al pueblo la constitución de 1940 era esencial. Había un anhelo de tener elecciones libres, sin golpes de Estado, y de acabar con la maldición de los presidentes que llegaban al poder y no querían retirarse jamás. Esto reafirma la frase del historiador británico Lord Acton, escrita en 1887: "El poder corrompe y el poder absoluto corrompe absolutamente". Por eso, en los países democráticos, un presidente puede gobernar por ocho años, es decir, puede ser elegidos dos veces en un mandato de cuatro años. Cuando esto no sucede, los gobiernos se convierten en dictaduras. Como te seguía diciendo, hermanito, Fidel deslumbró con sus promesas y su gran capacidad persuasiva. Se convirtió en un hombre de acción, y un hombre de acción era lo que necesitaba el pueblo en esos momentos.

»Él se convirtió en la luz de muchos jóvenes. Pasó a ser el líder absoluto del movimiento. Estos jóvenes siguieron sus ideales, hasta el punto de exponer sus propias vidas. Esa luz se apagó después del triunfo de la Revolución, cuando sus propósitos cambiaron. Al principio, no fue elegido presidente, sino primer ministro. Una jugada maestra; así demostraba al pueblo su humildad y escondía su verdadero propósito.

»Hay algo curioso en esta historia, solo un hombre ha estado por encima de Fidel Castro, en el gobierno de Cuba, el único, en teoría, que pudo darle órdenes al dictador. Ese hombre fue el primer presidente de Cuba después del triunfo de la revolución: Manuel Urrutia. Su mandato duró solo siete meses. Renunció el 17 de julio de 1959. Fue aquí cuando comenzó el verdadero propósito de Castro: ser un gobernante vitalicio. La maldición de los presidentes de Cuba había llegado a él, convirtiéndose en un dictador más. Urrutia fue el primero en oponerse a las ideas comunistas. Pero no fue el único, muchos de los mismos compañeros de luchas se rebelaron contra él. Acabar con los ricos y ayudar a los pobres, fue un propósito personal, no fue un propósito popular.

—Perdón, que lo interrumpa —contraatacó Marlon—. ¿Usted me quiere decir que ayudar a los más necesitados está mal? ¿Qué lo que hizo el comandante en el cincuenta y nueve está mal?

—No, pequeño —contestó Frank mientras sonríe—, ayudar a los pobres no está mal, para eso está el gobierno para ayudar, pero de la forma en que se haga es lo que cuenta. Te explicaré. La segunda estrategia de Fidel fue crear una imagen, no solo para el pueblo, sino para el mundo. Quitarles a los ricos y darles a los pobres; así se decretaba una guerra abierta contra la burguesía de la cual procedía. Él sabía que, al darle los beneficios a los pobres, ellos se pondrían de su parte de manera automática, siendo estos la mayoría. Él sería el Robin Hood moderno. Entonces prosiguió con su estocada maestra: les dio beneficios sin derechos. Ya no tendrían derecho a enriquecerse, y sin riquezas nadie podría levantarse en su contra. Te daba las tierras, pero te quitaba el derecho a la comercialización directa. Solo podían comercializar con instituciones del gobierno. No podías vender la casa ni los carros; eran como medio básico del gobierno. Un engaño disfrazado de libertad

»Todas las industrias del país fueron intervenidas y controladas por el gobierno; así ataba de pies y manos a todos los cubanos, teniendo el control total. Confiscó las armas, fusiló y encarceló a todo el que se opuso; algo curioso en esta historia se repite, y quiero que lo sepas. Él confiscó todas las haciendas del país, en una reforma agraria, siendo la de su padre la primera. Eso le dio una imagen del líder sincero, La verdad es que nunca fue confiscada, puesto que él era el gobierno.

»Con el tiempo la convirtió en un museo, definió de manera magistral un solo gobierno sin oposición, sacando del juego a cualquiera que tuviera ideas diferentes a sus propósitos. Creó el Partido Comunista de Cuba, en el que él sería su máximo representante; un representante vitalicio, elegido por un sistema de votaciones, que excluye a cualquier opositor, como se podría decir en cualquier país democrático, desarrolló una gran estafa.

—¿Y cómo lo hubieras hecho tú, señor defensor del pueblo, si fueras Fidel? —preguntó Marlon.

—Yo nunca lo hubiera hecho como Fidel lo hizo, porque compartimos otros ideales —contestó Frank—. Yo lo hubiera hecho diferente. En primer lugar, acabaría con la corrupción de esa sociedad. Crearía leyes sociales para ayudar a los más vulnerables. Yo nunca les hubiera confiscado el sacrificio a las personas. Para eso existen los impuestos en una sociedad democrática. Seguiría sin dudar los códigos de Abrahán Lincoln, este gran precursor de la democracia americana, cuando dijo: "No puedes ayudar a los pobres destruyendo a los ricos, no puedes fortalecer al débil debilitando al fuerte, no puedes lograr la prosperidad desalentando el ahorro. No se puede levantar al asalariado destruyendo a quien lo contrata".

»Déjame contarte una historia que sucedió durante la intervención. Juan, nacido y criado en La Mulata, un pueblo en las montañas de la Sierra Maestra siguió los pasos de su padre como carbonero. Juntos cortaban árboles, construían hornos y con gran esfuerzo producían carbón. Los comerciantes de la Cuevita, un pueblo cercano a la carretera, compraban este carbón a bajo precio. Así era el comercio en aquellos tiempos.

»A diferencia de los demás carboneros, Juan destacaba por su salud y espíritu emprendedor. Un día, cansado del trabajo constante, tuvo una idea astuta: «Si llevo yo mismo el carbón al señor en la carretera, ganaré más y él se ahorrará el viaje». El comerciante aceptó de inmediato. Juan comenzó su arduo trabajo, pidiendo prestados caballos y burros, y se lanzó a esta nueva aventura con fe.

»Así empezó su camino hacia la prosperidad. Con las ganancias, Juan compró su propia escuadra de mulos. Sabía que los sueños se cumplen con esfuerzo. En unos meses, ya compraba carbón a los campesinos, ofreciendo mejores precios, y así se convirtió en su preferido. Luego pensó: «Si llevo el carbón yo mismo a la ciudad y mejoro el precio de venta, las personas me preferirán y mi beneficio será mayor». Con experiencia adquirida, Juan contrató un transportista y comenzó a vender su producto como había planeado. Todo esfuerzo trae beneficios, y sin darse cuenta, se convirtió en el rey del carbón.

»Más tarde, Juan compró un camión y estableció puntos de venta, incluyendo una tienda, un mercado y seis casas para alquilar. Había construido su negocio desde cero, convirtiéndose en un hombre exitoso, superando así la pobreza. Era feliz, hasta que la intervención le arrebató todo. Los años de esfuerzo se esfumaron, dejándolo sin futuro para sus hijos. Abatido por el dolor, Juan se quitó la vida.

»Me pregunto todos los días: ¿qué delito cometió Juan para merecer tal castigo? ¿Dónde quedó el reconocimiento a su esfuerzo? ¿Fue justo que Fidel le quitara todo, no solo a Juan, sino a todos los implicados en esta historia, y se lo entregara a quienes nunca se esforzaron? Recordemos aquel proverbio famoso que dice: "No me regales el pescado, enséñame a pescar". Trabajar duro y esforzarse por los sueños son valores fundamentales de una sociedad justa, donde el estado y la sociedad prosperan. La historia aquí fue diferente: muchos emigraron, otros se quitaron la vida, incapaces de soportar tanto dolor.

La conversación se tornaba cada vez más interesante. Marlon ya no sentía miedo y había logrado dejar atrás los momentos tristes.

Capítulo 4

Mientras la conversación en el calabozo se llevaba a cabo entre los dos detenidos, Ortiz regresaba a su casa, después de su trasnochado turno de trabajo. Era el único lugar donde él era diferente. El amor lo puede todo. Amalia era una mujer equilibrada. Había conocido a Ortiz desde la secundaria. Fue su primer novio; luego se casaron. Amalia era proveniente de una familia comunista. La madre y su fallecido padre eran fieles seguidores de Fidel Castro. La hermana mayor, por el contrario, debido a su oposición al prepotente gobierno, emigró a Estados Unidos. El amor a sus padres y su hermana crearon un equilibrio en Amalia, puesto que para ella su familia era importante.

Cuando Ortiz abrió la puerta del hogar, encuentra a su esposa alimentando a la madre enferma, con gustoso un caldo de res.

—Hola, amor, ¿cómo estás? —Le dio un beso —. ¿Y cómo amaneció mi adorada suegra? —Ortiz preguntó de forma picaresca a la suegra, mirándola a los ojos y en voz baja.

—No estoy como yo quisiera, hijo mío, pero mucho mejor de cómo me quieren ver mis enemigos —respondió la anciana mientras deja escapar una picaresca sonrisa.

—Bellas palabras, mamá, así te quiero ver todos los días, con muchas energías positivas —le dijo Amalia, después de darle un beso al esposo.

—Sabes, hija, ayer tuve un sueño malo con Clarita, ¿le habrá sucedido algo?

—No creo, todo va a salir bien. Recuerda ser positiva, mamá, para que atraigas lo bueno.

—¿Llevan ustedes muchos años sin verla, sin hablarle? —les preguntó Ortiz.

—Yo tenía once años cuando se fueron del país. Gracias a Dios, ella me contactó hace muchos y siempre nos ha ayudado. Gracias a su generosidad vivimos desahogados —respondió Amalia.

—¿Cómo tú y tu hermana pueden tener esa bonita relación teniendo diferentes formas de pensar? —preguntó Ortiz.

—Equilibrio, amor, equilibrio. Acompañado siempre de respeto. Raramente hablamos de política. Sí conversamos sobre mis sobrinas. Ella me pregunta por mamá, por ti. Siempre se interesa por saber cómo nos va. Eso es todo.

—Está bien, amor. Dime una cosa. ¿Conoces a Marlon, un muchacho del barrio, que la mamá está enferma?

—Sí, claro. Es un buen muchacho. ¿Por qué la pregunta?

—Buen muchacho, no. Es un ladrón; lo agarré robando en la fábrica de aceite. Es un delincuente.

—Amor, no hables así. Esa familia está pasando por un mal momento. Son tres hermanos chiquitos, una madre enferma y esta situación del país que no mejora.

¿Qué podría hacer ese infeliz? —reclamó Amalia. ¿Sabías que cuando la jaba de víveres que te dan por el trabajo no llega a tiempo o mi hermana no puede enviar dinero, por alguna razón, yo compro aceite en las calles en el mercado negro? Así es como se vive en Cuba.

—¿Sabes que estás cometiendo un delito? —le preguntó él, sorprendido por la confesión.

—Todos lo hacemos alguna que otra vez. ¿Qué sucedió con Marlon? ¿Dónde él está?

—Al ladronzuelo lo metí preso. Es lo que se hace con un ladrón.

—Eres una persona sin sentimientos ni corazón —le dijo Amalia, cambiando de color por el enojo—. Dejar a esa familia sin ese muchacho es privarlos de la vida, es como dejar a un pez sin agua. —Dejó el plato en el fregadero y se giró con las manos en las caderas, agregó—: Y quiero que sepas que, esa señora enferma, es la que con mucho esfuerzo y amor te lava las ropas, y Marlon, en muchas ocasiones, es el que hace las colas para comprar lo necesario para esta casa.

—¡Vaya, si hasta colero es el muchacho! ¡Gran profesión! —se mofó Ortiz.

—Sí, es colero, albañil, mandadero. Él es de todo un poco para ayudar a los suyos. El problema es que como tú vives en otra galaxia, no puedes observar esas cosas.

—Hablas igualito a esa rata de alcantarilla —le dijo Ortiz a la esposa.

—En los años que llevan de casados nunca los he visto discutir —intervino la anciana—. Yo he sido ferviente seguidora del proceso revolucionario. He sacrificado muchas cosas, ustedes lo saben, sin importarme nada más que no sea esta Revolución; pero Amalia tiene razón. La situación está difícil. Hay momentos y momentos. Conozco a Marlon, es un buen muchacho. Las presas tienen un aliviadero para que pueda drenar el agua, sino revientan.

En ese instante entró un mensaje al teléfono de Amalia, que la hace emociona; parecía que estaban esperando alguna respuesta o una noticia. La madre pregunta si, por fin, es Clarita. El silencio se apoderó de Amalia, las lágrimas corrían como agua de manantial, mientras sus manos se aferraban al teléfono.

—Le negaron la visa —dijo llorando.

—No la dejarán ver a esta vieja comunista enferma —dijo la madre.

Amalia caminó despacio hacia ella, la abrazó y comenzaron a llorar juntas. Ortiz caminó hacia las dos mujeres, les pasó la mano por la cabeza, y dijo:

—No lloren, por favor, eso era sabido. Clarita es una opositora y aquí no se les abre las puertas a los traidores.

Amalia le apartó la mano y le gritó con rabia; una rabia que solo se ve en los perros enfermos, en el reflejo de sus ojos.

—¡Sí, ahora es opositora o gusana! ¿Cómo no lo dices cuando te sientas a la mesa o te pones las ropas caras imperialistas que ella te manda? ¡Qué doble moral la tuya! Mi hermana no ha puesto una bomba ni ha matado a nadie. Ella solo no está de acuerdo con esta mierda de revolución, como yo, a partir de ahora no estoy de acuerdo.

—Amor, no te pongas así. No quise molestarte —ruega Ortiz de una forma calmada.

—Nada de amor. —Amalia corre al cuarto, trae unas cuantas ropas de Ortiz y comienza a romperla con un cuchillo mientras gritaba, tú no te mereces nada de esto.

Las palabras del hipócrita habían descontrolado a su esposa. Su habilidad como policía no se hizo esperar y como un rayo corrió hacia ella, le quitó el cuchillo, la abrazó y, en voz baja, le pidió que lo perdonara. Repetía, acariciando su cabello, que no había querido ofenderla, mientras ella con los puños golpeaba la espalda de él.

—Respira despacio y verás cómo se te pasará.

—Es verdad, hija, respira despacio —dice la madre desesperada—. Ven, Ortiz, siéntala a mi lado, que quiero decirle algo a los tres. Ortiz lleva a Amalia hasta una silla al lado de su madre mientras ella le toma las manos.

—Somos solo dos, suegra —le dice Ortiz.

—No, son tres. Tú, Amalia y mi querida Clarita.

—Mamá —dice Amalia, llorando aún—, tú llevas treinta y un año sin hablarle a mi hermana.

—Sí, hija, y no sabes cuánto me arrepiento de eso. Con esta visa negada han muerto todas mis ilusiones de abrazar a mi hija y pedirle perdón. Dios tiene que darme fuerza. Por favor, hija, llama a Clarita, que llegó el momento de hablar.

—Bueno, yo voy a bañarme —comenta Ortiz, en baja voz.

—No, tú te quedas ahí. Tienes que escuchar.

Amalia hace los arreglos, pone la video llamada por WhatsApp y le da el teléfono a su mamá. Ella lo agarra, seca sus lágrimas y respira profundo. Mientras el teléfono sonaba, el corazón de la angustiada madre latía, apresurado. La sorpresa era tal, que no sabía qué decir. Quedó unos segundos sin pronunciar palabras. Luego, con voz temblorosa, preguntó:

—¿Cómo estás? —Le temblaba la mano con la que sostenía el teléfono. Ella misma no podía creer que estuviera hablando con su hija. Del otro lado, tal parecía que Clarita había quedado congelada al ver a su madre. No sabía qué decir, no atinaba a pronunciar palabras. Había sido una vida entera sin tener comunicación directa. Con su partida de Cuba, la madre dejó de hablarle y ella lo único que pudo hacer fue sufrir el dolor de la ausencia. Ahora la tenía frente a frente, y la emoción la había dejado muda. Las lágrimas le bañaban el rostro. Al fin, con voz temblorosa, preguntó, como si quisiera estar segura de que era su madrecita querida.

—¿Eres tú mamá? Perdóname, mamá, no me dejaran ir. —El corazón de Clarita se acelera cada vez más; quería decir mil palabras de una vez, y no podía. Necesitaba decirle cuánto la amaba, cuánta falta le había hecho. Se giró y le gritó al marido que llamara a las niñas para que conocieran a su abuela.

La madre no podía decir palabras, solo lloraba. Después de saludar a las nietas, dijo:

—Hija, te he llamado para pedirle perdón a las niñas, a ti y a tu esposo.

—¡Mamá!

—Déjame continuar, por favor. Cuando tu padre y yo nos enteramos de que tú y Pedro se iban del país en 1990, nos encolerizamos. La Revolución era nuestro más grande orgullo. No podíamos permitir que nuestra hija fuese una traidora. Hablamos con ustedes. Era muy obvio que su forma de pensar era diferente a la nuestra. Tenías tan solo diecisiete años, pero una gran firmeza en tus palabras. Cuando dijiste, esto no es una revolución, mamá, esto es una dictadura, donde solo los mudos o los muertos pueden vivir, porque ya no les corre sangre en las venas. Una revolución donde solo hablan unos pocos y los otros, por obligación, deben callarse.

»Me dijiste, mamá, yo no soy así, yo quiero vivir en un país de libertad, donde pueda gritar a los cuatro vientos lo que pienso sin ser cuestionada. En ese instante tus palabras nos hirieron en lo más profundo del corazón y, como buenos revolucionarios, ¿cuál fue nuestra reacción? Gritarte que ya no eras nuestra hija, que para nosotros te habías muerto.

»Nos fuimos. No podíamos soportar tanta deshonra. Luego regresamos con un grupo de personas, incluyendo a tu hermanita, que apenas tenía once años. La obligamos a arrojarte huevos y a gritarte consignas y frases desagradables como «¡Pin pon fuera, abajo la gusanera!» o «¡Váyanse, no los queremos!» Hoy puedo comprender el dolor en la cara de tu hermanita. Sus manos temblorosas no podían cometer tan horrendo crimen, pero la obligamos. ¡Cuánta maldad! Ella solo lloraba y decía en voz baja: «Perdón, yo no quiero hacerlo».

Todos escuchaban, de ambos lados, en silencio. La anciana continuó:

—Con esa actitud demostramos a la revolución nuestra lealtad. Ofrecimos nuestro propio sacrificio. ¿Y qué ganamos? Nada. Ese día perdimos una hija. Lo que esta vieja nunca imaginó es que, para ti, hija, nosotros no habíamos muerto. Porque, a pesar de todo, nunca nos olvidaste y siempre buscaste maneras de ayudarnos, aunque fueran contrarias a tus principios. Siempre respetaste el mandamiento divino de la familia. Sin embargo, yo hace mucho tiempo comprendí mi error, pero no tenía el valor de enfrentar la realidad. Perdóname, hija, por haberte causado tanto dolor.

—No, mamá, no tengo nada que perdonarles. Tú y papá, a mí no me hicieron nada. Las heridas sangran, pero se cierran, el tiempo lo cura todo. Es el mayor testigo de mi amor por ustedes. Mamá, ese día, después que ustedes se fueron, yo lo olvidé todo. El que ama perdona, y yo te amo demasiado para guardar viejos rencores.

»¿Sabes, mamá? Cuando yo llegué a este país, sola con mi esposo, no fue fácil, fueron momentos muy difíciles porque habíamos llegado a un lugar totalmente nuevo para nosotros. Todo lo que amábamos y teníamos había quedado atrás: los amigos, las familias, la escuela, ¡todo, todo quedo atrás! Así llegamos, como todos los inmigrantes llegan a este país. Gracias a nuestra posición de enfrentar nuevos desafíos, salimos adelante.

»Tuvimos que tomar duras decisiones. Como, por ejemplo, trabajar y estudiar a la vez. Fue el día a día por muchos años, no fue fácil. Ustedes me ayudaron a alcanzar mis metas, tenía que demostrarles que yo no estaba equivocada cuando elegí un mejor camino. Quiero que sepas, mamá, que en los momentos más difíciles siempre has estado conmigo. Te contaré cómo lo hacía. Sacaba una foto tuya y de papá, que guardaba con tanto cariño y conversaba con ustedes en mi solitario mundo. Les pedía consejos, les comentaba mis fracasos y victorias y, sobre todo, les pedía la bendición. Sí, como lo oyes, les pedía su bendición.

»Mamá, yo juré luchar con todas mis fuerzas para poder ayudarles a tener una mejor vida, como la que tienen hoy, y lo logré. Sabía que la majestuosa revolución, tarde o temprano, iba a pasar por grandes dificultades, y yo estaría ahí, no para criticarles, sino para ayudarles, puesto que la familia es sagrada y mi amor por ustedes es inmenso. Aunque no lo crean, ustedes me ayudaron a seguir adelante, me dieron fortaleza, para convertirme en lo que hoy soy: una mujer más decidida. Una abogada exitosa, sin miedo a tomar decisiones por un futuro mejor. Tú me diste la vida, por ti respiro, por ti soy lo que soy, lo único que me duele es que no me dejen entrar para abrazarte, darte un beso y decirte cuánto te amo mamá. Gracias por llamarme. No sabes lo feliz que estoy.

La madre no hacía más que llorar, un nudo en la garganta le cortaba las palabras. Clarita, por su parte, a pesar de la negación de la visa, estaba feliz. Fue un sueño hecho realidad. Por fin la familia estaba junta otra vez. La madre toma fuerzas y dice:

—Estoy muy contenta, pero me hubiera gustado abrazarte antes de irme de este mundo. No pudo ser, hija mía, lo sé. El karma ha trabajado bien en mi historia. Estoy recogiendo los frutos que sembré. Hoy, como madre, comprendo lo dura que fui, puse una barrera entre las dos; una barrera de odio y de dolor, siguiendo una estúpida ideología de la cual hoy solo recojo golpes en mi cara. Ortiz, con voz suave, le dijo que no hablara así, que no se dejara llevar por el momento. —La anciana alza la mirada, mira al joven, levanta las manos temblorosas y, con autoritaria voz, lo mandó a callar—. Hoy, reconozco la esencia de las palabras de Ricardo Arjona: "Las ideologías dividen al hombre…"

—Discúlpame, mamá. Fue el gobierno de Cuba el que no me dejó entrar. Él es el culpable de esta división. Mi forma de pensar nunca ha puesto barreras en mi amor por ti. Yo daría la vida por abrazarte, y no me importa que me hayas tirado huevos en el pasado. Yo te amo y te respeto como deberías de amarme y respetarme a mí. Eso es lo que el gobierno cubano nunca ha respetado. Cuando se respete el derecho de cada ciudadano a pensar diferente y a tomar sus propias decisiones, entonces, será un país libre.

»¿Sabes, mamá? En la naturaleza hay ejemplos curiosos de respeto. El agua es líquida, la arena sólida, dos polos opuestos, pero cuando el mar está furioso, las olas mezclan el agua y la arena, formando las aguas turbias. Ojo, cuando llega la calma, el agua se vuelve de nuevo cristalina y la arena retorna a su lugar, para así formar un magnífico paisaje. Eso es respeto; así sucede en los matrimonios y en las ideologías. Yo, osadamente, nombro a eso democracia. ¿Dime si es justo que me nieguen la entrada a mi país? Me niegan ver a mi madre enferma. ¡No es justo!

»Creo en la democracia, madre mía, palabra que no está en el diccionario de tan funesto gobierno. Yo creo en la libertad. Pienso que todos los hombres tienes derechos de los cuales no se les puede privar por voluntad ajena. Un hombre sin derechos es un esclavo, y la esclavitud fue y será una deshonra para la humanidad.

»Madre mía, lo cierto es que no es el momento de hablar estas cosas. Yo, por mi parte, seguiré luchando para que otras madres e hijos no pasen por lo que hoy pasamos nosotras. Sé que estás muy emocionada como lo estoy yo. Quisiera que este momento nunca terminara, pero debo ir a trabajar. Tenemos que cumplir con nuestros deberes. No es una despedida. Cuando regrese del trabajo te llamo de nuevo. Estaremos más calmadas y así poder disfrutar de esta espectacular tecnología que ha hecho el milagro de volverte a ver. Te amo.

—Gracias, hija, yo te amo igual. Hasta la tarde. Dales un beso a las niñas de mi parte.

—Hasta la tarde, mamá.

El triste, pero a la vez deseado momento, había culminado. Amalia secaba con amor las lágrimas de su mamá, mientras expresaba en voz alta:

—Se puede arrancar la carne, no se puede matar el espíritu.

Ortiz que escuchaba en silencio el triste drama desde su acomodado sillón. Se puso de pie y dijo:

—Las dejo solas por un rato. Voy a bañarme y acostarme. Estoy cansado.

—Es una lástima que estés cansado porque vas a tener que seguir con el ajetreo —dijo Amalia.

—¿Por qué dices eso, amor?

—Quiero que te marches de la casa. Necesito estar sola un tiempo para organizar mis ideas. Por otra parte, quiero que sepas que no hay nada más lindo que un día tras otro, y este hermoso día me ha enseñado que tú me quieres, pero no me respetas. Eso me duele, por esa razón quiero que te vayas de casa. Mi puerta y mi corazón seguirán abiertos para ti, esperando tu regreso;

el regreso de un hombre nuevo. Cuando aprendas el significado de respeto, yo estaré aquí para ti.

Ortiz quedó aturdido con tan duras palabras. No estaba seguro de lo que estaba sucediendo. Por su parte, la anciana miró con fijeza a la hija y, dispuesta a defender al aturdido muchacho, dijo:

—Hija mía, creo que estás cometiendo el mismo error que yo cometí. No apartes de tu vida a quien amas por pequeños malentendidos.

—No mamá, yo conocí a Ortiz como es y siempre lo he querido así.

—Entonces, dime, amor, ¿cuál es la causa de tan repentino cambio? Convénceme y te dejaré en paz.

—Te diré que no te he dejado de querer, eso bien lo sabes. Es cuestión de respeto. Dices que mi hermana es una gusana y estás contento de que le hayan negado la entrada a su propio país.

—Yo no quise decir eso, amor —respondió Ortiz apresuradamente.

—Está bien, déjame terminar —prosiguió Amalia mientras caminaba hacia su amado esposo—. Yo no quiero que quieras a mi hermana. No puedo obligarte a cambiar tal decisión porque lo que no nace del corazón, no crece en el alma, pero no es justo que maltrates o te burles del sufrimiento de esa persona que te ha apoyado tanto y te respeta a pesar de los pesares. —Amalia se detuvo frente a él, lo miró directo a los ojos y le dijo —. En la vida, amor, no se debe ser ni muy bueno, ni muy malo. Debemos intentar ser personas justas. Eso me lo enseñó mi querida abuela, y creo que es justo respetar a quien te respeta. Por otra parte, está la situación con Marlon. Ponerlo preso es sentenciar a su madre enferma y sus tres hermanitos. Pasaste a ser de policía a juez, de juez a verdugo. Me duele mucho, amor, que pienses solo en ti.

—Yo solamente cumplí con mi deber —responde Ortiz mientras toma de mano a la disgustada mujer.

—Tu trabajo es hacer justicia. Vivimos en un país injusto, esa es la realidad que tú no quieres ver. Un hijo de un ministro o un alto funcionario malversa o comete un grave delito y ¿qué sucede? Como por arte de magia, todo se resuelve y no pasa nada. Ahora, este infeliz trata de sobrevivir y lo meten preso. ¿Opinas tú que eso es justicia?

—Amor, lo que hicimos es preventivo, estamos tratando de educarlo.

—¡Educación con hambre! Considero, en verdad, que vives en otro planeta.

—Cariño, no ignoremos el alto índice de problemas sociales que atraviesa esta sociedad.

—Esa educación preventiva sí existe: en países normales donde el ser humano tiene derechos, el derecho a vivir y ser juzgado por sus malos actos. ¿Opinas tú, que en esos países las personas roban aceite como Marlon o roban las medicinas de los hospitales como la enfermera de la esquina para venderla en la bolsa negra? ¿Piensas que alguien vende carne de res de manera ilegal sabiendo que es un delito? Allí no hay necesidad de eso. Allá solo tienes que trabajar dignamente. ¿Para qué hacer cosas ilegales? No tiene sentido. Aquí matar una vaca se juzga más duro que matar a una persona, porque las vacas del gobierno son intocables, solo ellos pueden comer esa carne a su antojo, mientras que el pueblo es autorizado a comer piltrafa o huesos como perros. Ahora bien, ¿qué me dices, señor marciano, ¿crees tú que en esos países hay que tener menos de siete años para que un niño tenga acceso al necesario líquido conocido por leche o robársela de las instituciones del gobierno para venderla en las calles a un precio exorbitante? Allí los niños pueden tomarse un vaso de leche cuando les da la gana sin ninguna restricción. Aquí no es así, sabes por qué, porque las madres no tienen dinero o no ganan en el dinero MLC [5] para poder comprar tan necesario producto. No, señor marciano, en esos países la gente trabaja y de su sueldo pueden comprar casas, carros, comida, viajar. Entre mayor es el esfuerzo, mayor es el beneficio. Al contrario de este país, donde te esfuerzas y no tienes beneficios, puesto que el sueldo no alcanza ni para comprar papel para limpiarse el culo. Este país se ha convertido en una jungla: ¡comes o te dejas comer! Es una cuestión de supervivencia.

Ortiz había tratado por todos los medios de convencer a la disgustada mujer sin tener éxito. Sus disculpas fueron en vanos. El indomable lobo estaba herido. El travieso cupido lo había flechado: amaba a su mujer como nunca había amado en la vida; ella era la

---

[5] Moneda Libremente Convertible

única que lo hacía sentir diferente. Desorientado y sin rumbo, sentía que perdía el control. Su amada lo había sacado de su vida y de su hogar, rompiendo los vínculos familiares. «Tengo que hacer algo» pensó, mientras caminaba por las calles arrastrando la enorme maleta. Pese al mal día, buscaba soluciones: una solución que reorganizara su destrozado rompecabezas. De repente, llegó a la mente la ansiada solución: Marlon. Meterlo preso le había causado graves problemas familiares, liberarlo le traería de vueltas sus beneficios. Sin darse cuenta comenzaba así la metamorfosis en la forma de pensar de Ortiz. Por primera vez, no pensaba en ser el mejor policía, como el Javert intachable de Los Miserables, novela de Víctor Hugo, sino en el auténtico manipulador que actuaba en beneficio propio. Sacar a Marlon del calabozo y desaparecer las pruebas antes del parte matutino era como bajar y subir el telón. No lo pensó más, sacrificaría cualquier cosa por su amada; así que puso mano a la obra, dirigiéndose a la unidad.

Capítulo 5

Mientras Ortiz tramaba sacar a Marlon de la cárcel para su propia conveniencia, el muchacho escuchaba emocionado al extraordinario orador.

—Como te decía —prosiguió Frank—, muchos de los que lucharon, codo a codo con Fidel Castro por la revolución, se disgustaron al ver que las intenciones del líder revolucionario cambiaron. Un ejemplo vivo fue Huber Matos, encarcelado por el solo hecho de mandarle una carta de renuncia al autosuficiente líder. Se comenta, también, que el líder Camilo Cienfuegos llegó a estar en desacuerdo con él, debido al rumbo tomado por la revolución. Su desaparición es el pasaje más cuestionado de la gesta revolucionaria, puesto que Camilo era el hombre más querido por el pueblo después de Fidel Castro. Su popularidad no permitiría un encarcelamiento, mucho menos un fusilamiento. Él sabía que deshacerse de Camilo era muy difícil. Un error como este podía dañar su imagen de hombre justo. ¿Qué hacer? Pensó el líder revolucionario.

»De los reveses se logran grandes victorias y este revés era la oportunidad de crear un héroe, no un mártir que le diera riendas sueltas a la oposición. Era el momento de sacrificar a la dama por el rey. Una jugada maestra: desaparecer a tan querido personaje era un reto difícil, pero no imposible, generando así la majestuosa obra de suspenso, en la que el hombre de la sonrisa amplia o el bien llamado hombre del pueblo dejó de existir, sin dejar rastro ni señal alguna. Desapareció como por arte de magia. Lo más triste no fue su desaparición, sino que un hombre tan querido no tenga una tumba o un lugar donde el pueblo le haga un póstumo homenaje. Por eso todos los veintiocho de octubre, los niños de las escuelas y pueblo en general tiran flores al mar o en cualquier río, en memoria de tan querido héroe, dándole vida eterna a lo que ya te comenté: la majestuosa obra de suspenso gestada por Fidel.

—Yo creo que tú has inventado toda esa historia para destruir la imagen de Fidel Castro, porque yo no he estudiado nada de eso en la escuela —le respondió Marlon con gestos de desacuerdo —, además, Fidel nunca haría una cosa así.

—Eso es adoctrinamiento —le respondió Frank.

—¿Adoctrinamiento? ¿Qué es eso? —le peguntó Marlon?

—Adoctrinamiento es persuadir, imponer y controlar las opiniones y decisiones de las personas de menor poder o la influencia por un individuo en su bienestar propio. Me explico mejor: es enseñar lo que ellos quieren que aprendas para que sigas el camino que ellos quieren que sigas, su camino. La historia en Cuba no cuenta la verdad, cuenta la verdad de ellos. Estos pasajes de la historia que te he mencionado anteriormente, no lo enseñan en las escuelas. Son simplificadas por los esbirros de Fidel para no dejar huellas de nuestra lucha o dolor.

»Tengo fe de que llegará el día que podamos sumar todo lo que ha sufrido esta oposición a la historia cubana. Entre ellas, la triste causa ochocientos veintinueve de 1960, el fusilamiento ejemplarizante de Plinio Prieto, de Porfirio Ramírez, presidente de la Federación Estudiantil Universitaria de las Villas, también capitán del Ejército Rebelde. Además, fue fusilado el capitán Sinesio Wahs Ríos, un campesino que se había alzado contra el régimen de Batista en las filas del Ejército Rebelde, y los campesinos José A. Palomino Colón y Ángel Ramírez Del Sol. Estos últimos campesinos, que se negaron a convertirse en empleados de las Cooperativas Agrícolas, claramente se opusieron a la Reforma Agraria.

»Y yo me pregunto, si Fidel Castro hizo una rebelión en la que hubo pérdidas humanas y no fue fusilado. Además, como miembro del movimiento juvenil, participó en huelgas juveniles, fue encarcelado y puesto en libertad, ¿por qué, entonces, él fusiló a muchos que se le opusieron? ¿A los que no quisieron seguir su dictadura? Tomar el control total es la definición clave de «divide y vencerás». Él fue dirigente universitario; sabía bien lo que era ser líder. Controlar a la juventud era esencial, no permitiendo así nuevos líderes. Estos debían desaparecer, él mismo es un ejemplo claro de ello, le dieron la oportunidad de perdonarle la vida y la aprovechó consolidando la revolución cubana.

»Estoy seguro de que estas tristes historias un día serán contadas por sus propios protagonistas: los plantados que sobrevivieron a tanto horror como te había dicho antes —dijo Frank.

—Disculpa que pregunte tanto, es que no sé de qué hablas. ¿Quiénes son los plantados? —preguntó Marlon de manera curiosa.

—Los plantados son los que sobrevivieron al holocausto llevado a cabo por el genocida Fidel Castro, después del triunfo de la Revolución en su obsesiva purga contra la oposición; estos héroes que estuvieron en desacuerdo con el camino comunista tomado por el frenético líder. Hoy, algunos viven en el exilio y otros fueron asesinados. ¡Lo enfrentaron sin temor!

—Hay algo que no entiendo. ¿Por qué dices que Fidel asesinó a Camilo? Esa es una acusación bastante grave. ¿No crees que sea posible que haya desaparecido en el mar? ¿No consideras que estás siendo un poco injusto? —preguntó el ingenuo muchacho.

—Está bien —contestó Frank—. Reflexionemos juntos. Dime, hermano, ¿existieron los dinosaurios?

—Sí, claro —respondió Marlon, demostrando sus conocimientos.

—¿Por qué estás seguro de que existieron los dinosaurios?

—Porque encontraron sus restos —enfatizó Marlon

—Eso se llama evidencia. Sigamos ¿Existió Jesús Cristo?

—Sí.

—¿Por qué dices que existió Jesús?

—Porque muchos reconocen que lo vieron, porque muchos estuvieron con él y siguieron su legado.

—Eso se llama evidencia. ¿Existió la Atlántida?

—Creo que la Atlántida es un mito, una leyenda —dijo Marlon

—¿Por qué dices eso?

—He escuchado que nunca la han encontrado.

—Entonces, no hay evidencias. Dime en qué parte exactamente del mar cayó Camilo.

—No sé, no te puedo decir. A nosotros, en la escuela, nos dicen que cayó en el mar y nada más. Nunca he leído que se haya encontrado partes del avión.

—Entonces, es que no hay evidencias.

—Creo que no.

—No consideras que, si encontraron al Titanic en aguas más angostas que las nuestras, ¿cómo es posible que no encuentren los restos del avión de Camilo? Eso deja una duda abierta, da mucho que pensar.

Marlon lo mira con fijeza, mientras le dice, que cree que sí está en lo cierto, y que ahora sí lo ha hecho dudar. Por otro lado, Frank sonríe y le dice:

—No se duda de lo que existe, se duda de lo que no es real. Hoy tenemos evidencia de que existió Camilo porque luchó con Fidel en la Sierra Maestra, hasta el triunfo de la revolución. Eso es algo real, pero no tenemos evidencias de su muerte; eso lo hace ser un hecho irreal, formando un mundo de especulaciones en torno al hecho. Te daré mi opinión: la Atlántida la creó Platón, como obra literaria ficticia, para advertir a la sociedad que el mal uso del poder en una sociedad avanzada solo trae su propia destrucción.

—Para mí, la muerte de Camilo fue un asesinato perpetrado por Fidel para mantener su intachable imagen, y así, poder continuar en el poder, generando un mito o una leyenda; una obra de suspenso que marcaría la posteridad en la historia de este amado hombre de la vanguardia.

Mientras seguían con la apasionada conversación, el lobo Ortiz conseguía su objetivo. Todo había salido como lo planeó; con la ayuda de uno de sus secuaces que se encontraba en la entrada de la unidad "Ochenta y Ocho", había limpiado todo rastro de la existencia de Marlon, dando la orden de su liberación inmediata.

La animosa conversación de estos dos detenidos fue interrumpida por el carcelero.

—Vamos, muchacho —gritó—, que alguien ha intercedido por ti. Ya eres libre. Marlon no podía creerlo. Por un instante, quedó el eco de la palabra "libre" cabalgando por sus oídos como caballo desbocado. Palabra que, a partir de ese momento, cambiaría su manera de pensar, de actuar y de vivir.

Tan grande fue su emoción al escuchar tan agradable noticia que, sin pensarlo, saltó del lugar donde estaba. Se olvidó de sus antiguos dolores, y con una alegría inmensa, abrazó a su compañero de celdas.

—Gracias a Dios, Ariel cumplió con su promesa. Considero, que todavía existen policías buenos, y Ariel es uno de ellos, como también hay policías déspotas, sin sentimientos, como el lobo Ortiz —dijo Marlon.

—Escucha, hermano, no se es grande por lo que eres, se es grande cuando aplicas a la sociedad la justicia que ella espera de ti. Justicia, algo que se ha perdido en esta selva dictatorial en la que vivimos —le dijo el compañero de celda, sonriendo y afirmando con voz suave—: Tienes toda la razón. Hay buenos policías, como hay también buenos militares que sirven a este funesto sistema.

—Lo sé. Ariel es un ejemplo —respondió Marlon.

—También sé muy bien, que, tarde o temprano, ellos se unirán al pueblo para gritar libertad; esa libertad a la que todos aspiramos y que tan dolorosamente se nos ha negado.

La emoción de su compañero era tanta, que corrió una lágrima de dolor. De repente, Frank cambió su actitud, secó la escurridísima lágrima, tomó a Marlon por los hombros y de una forma jovial, le dijo:

—Es hora de que disfrutes tu libertad. Escúchame, hermanito, no quiero que sigas haciendo todas esas cosas en las calles. Hay maneras de sobrevivir más fáciles. Toma esta dirección, es de una cafetería. Ahí te darán trabajo. La mujer se llama Carmen. No temas, es mi mujer; así no tendrás que estar haciendo esas travesuras.

Marlon le dio las gracias y lo abrazó. En voz baja le dijo:

—Tienes toda la razón en mucho de lo que me has dicho. Este pueblo necesita libertad. Ese día que esperas tanto, yo también estaré en las calles. Ya lo verás.

—¡Qué así sea! —Se dieron un abrazo.

Frank es de esas personas que lo conoces en un instante y parece que lo conoces de toda una vida, pensó Marlon. Luego el alegre muchacho se voltea en busca de su ansiada libertad. Algo inesperado lo detuvo apoderándose de él, la duda. No podía creer lo que sus ojos observaban. El asombro sobrepasó sus perspectivas. Poco a poco Ortiz se acercaba a las rejas ya abiertas. El miedo recorría nuevamente su cuerpo, el fantasma del pasado volvía comenzando otra vez la horrible pesadilla. Ortiz, por su parte, caminaba con la arrogancia que lo caracterizaba, observando con autoridad al confundido joven. Luego con voz grave, dijo:

—Apúrate, muchacho, que no tengo todo el día para estos trajines. Tengo muchas cosas que hacer hoy.
—Ahí fue cuando supo que fue el lobo Ortiz quien intercedió por él. Esa inesperada ayuda lo hizo dudar, algo en esta historia estaba mal, no le gustó tanta amabilidad. Sospechó que tenía que haber una segunda intención. Este hombre no se compadecía de nadie.

—Siempre hay un momento para saludar a un viejo amigo —se oyó la voz de Frank.

—Yo no soy tu amigo, escúchame bien. Nunca sería amigo de un gusano despreciable como tú. El que se considera enemigo de la Revolución es mi enemigo —respondió Ortiz.

—No es mi formación política lo que te hace odiarme, lo sabes bien —contestó Frank—. ¿Cómo está Amalia? Salúdala de mi parte. Sabes que soy su gran admirador.

—Calla tu boca sucia y no menciones el nombre de mi mujer. No me hagas incomodar, que no me faltan ganas de entrar y partirte la cara, como aquella vez.

La cara de asombro de Marlon era cada vez mayor. Los miró a los dos y dijo en alta voz:

—¡Qué pequeño es el mundo! ¿Se conocen ustedes?

—Sí —respondió Frank—. Sí nos conocemos. Estudiamos juntos mucho tiempo y fuimos buenos amigos.

—¿Qué los hizo enemigos?

—Una bella mujer nos robó el corazón a los dos. Fue este desalmado al que ella eligió. Nunca entenderé por qué Amalia lo escogió a él, siendo un desagradable ser humano. Hay gustos que merecen palos —dijo Frank con una mezcla de añoranza en la voz.

—Me eligió a mí porque soy mejor que tú, porque me la merezco, porque nunca he sido un fracasado como tú y porque a ella le gusta lo bueno, por eso está conmigo, además, donde manda corazón, nadie manda.

—Claro, eso lo entendí el día en que me golpeaste y me hiciste sangrar el rostro. ¿Sabes algo? No te llevé la contraria porque ella me lo pidió. Y lo que más te duele es que ella ha seguido aceptando mi amistad, a pesar de todo lo que has hecho para impedirlo.

—Te lo voy a decir por última vez, aléjate de Amalia. No busques malestar para tu cuerpo y mala noche para tu familia.

—¿Sí?, ¿quién lo va a impedir? ¿Tú? Recuerda que no está ella para impedir que te parta la cara y me desquite lo que me hiciste en el pasado.

La reacción de Ortiz fue inmediata; saltó como un lobo sobre su presa. Sin embargo, la intervención del astuto carcelero y el nervioso Marlon frustró la violenta colisión. Mientras Marlon separaba a Frank, le suplicaba con lágrimas en los ojos y voz temblorosa, no complicar más las cosas, que quería volver a su casa en paz. Frank se detuvo, lo miró directo a los ojos y, con la respiración aún agitada, accedió, dándole la razón. Desafiante miró a su oponente y le gritó:

—Está bien, Lobo, dejémoslo aquí. Recuerda que hay más tiempo que vida, y ese día va a llegar.

—Lo espero con ansias —gritaba el lobo Ortiz mientras agarraba a Marlon de una forma brusca—. Vamos, muchacho, antes de que pierda la cabeza.

La rivalidad de estos dos antiguos amigos era como un polvorín, siempre en riesgo de explotar. Una chispa y no quedaba nada. Como dice el argot popular: No quedaban títeres con cabeza. Una pasión amorosa los había separado en su adolescencia, rivalidad que había acrecentado las diferencias políticas que existían entre los dos.

El lobo era un fiel protector de la Revolución y sus ideas comunistas; Frank, el polo opuesto, un defensor del pueblo, un artista que convirtió sus canciones en denuncia sociales, que alzó su voz en favor de los que no podían. Este hombre era parte del movimiento San Isidro, un grupo de artistas que defendían los derechos humanos y la libertad de expresión en Cuba, totalmente pacífico, que demostró una vez más la violencia castrista contra todo aquel que se opusiera a sus funestas ideologías. Este movimiento demostró al mundo el verdadero rostro de su identidad política, estando dispuestos a morir en huelga de hambre por una Cuba libre. El gobierno sabía que estos jóvenes eran símbolos de un estallido social y como siempre utilizó la fuerza desmembrándolo. Encarceló a sus líderes y puso una férrea vigilancia a todo aquel que pudiera traer molestias a su inmaculada revolución. Por esa razón, Frank y Marlon coincidieron en ese calabozo.

El temor envolvió a Marlon. No entendía por qué era arrastrado por el mismo policía que lo había dejado allí. Sus esperanzas de libertad se habían esfumado como por arte de magia. Allí se veía él, firme, caminando con su captor.

De repente, la luz dio a sus inadaptados ojos, causando molestia. Pasó las temblorosas manos por ellos varias veces mientras parpadeaba sin cesar. Sin darse cuenta estaba en la salida, una vez más, respirando el aire de la libertad. Ortiz lo arrastraba con sus enormes zancadas. Era una fórmula matemática: una zancada de él por tres cortos pasos de Marlon. Aquello no era una caminata habitual, estaba en un maratón. Ortiz parecía estar huyendo de algo o de alguien. Llegaron al carro de patrullas y, sin decir palabras, abrió la puerta trasera, arrojó como un saco de papas al fatigado muchacho. Se subió en la parte delantera y dijo con voz agitada al chofer:

—Arranca el maldito carro y vámonos de aquí.

A Marlon aquello le parecía un secuestro. Su preocupación aumentaba cada vez más. Se preguntaba, una y otra vez, a dónde lo llevaban esos dos malnacidos, cómplices, que no decían nada. Su curiosidad se fue calmando cuando empezó a conocer el recorrido: se dirigían rumbo al barrio. Pensó: «Van a buscar a mi mamá y quién sabe lo que harán o que le dirán».

—Ay, Dios mío —exclamó Marlon en alta voz—, de nuevo volvió la pesadilla.

—¿De cuál pesadilla hablas? —respondió Ortiz, de forma preocupada, mientras el muchacho comenzaba a llorar.

—Por favor, le he dicho mil veces, que no le diga nada a mi madre; ella está enferma y no quiero que sufra más.

—No llores más y sécate esas lágrimas —Ortiz sonríe y saca un pañuelo del bolsillo, lo pone en las manos del desesperado muchacho y dijo—: Eres libre. No tengas miedo. Tu mamá nunca se va a enterar de esto, pero tienes que prometerme que no vas a ir más a ese horroroso lugar otra vez.

—¿Y de qué voy a vivir, señor?

—Has los mandados de los que no pueden ir a las tiendas a comprar, lava carros. No sé, busca otra vía. Eso sí, te digo que no vayas más allá a robar. Vende el porrón de aceite y cógete el dinero para que ayudes a tu mamá. No es legal, pero es algo.

—¿El porrón de aceite? —le preguntó el muchacho preocupado.

—Sí, el que te quitamos, te lo devolveré.

Marlon se conmocionó por lo que escuchó. No podía creerlo. Pensó en que algo andaba mal. No parecía estar hablando con Ortiz; parecían, más bien, las palabras de Ariel puesta en la boca del hombre. Incluso, llegó a pensar que se había dado un golpe en la cabeza que le había provocado una amnesia transitoria

—Antes de dejarte en tu casa, quiero llevarte a un sitio para que le des las gracias a esa persona que pidió que hiciera esto por ti.

El rostro de Marlon cambió de repente y sonriendo le dijo:

—Es Amalia. No tienes que decirme más.

—¿Cómo sabes que es Amalia?

—Lo sé porque es la única persona que puede ablandar ese corazón de piedra que tienes, y sé muy bien que la quieres mucho.

—Marlon, dime con sinceridad y sin remordimiento, si yo estuviera en problemas con Amalia, ¿me ayudarías?

—Por supuesto. Y no es por lo que está haciendo hoy por mí, sino porque la quiero mucho, y aunque no me caes muy bien, tengo que respetar sus derechos. Lo importante es que ella sea feliz. Eso no quiere decir que tú y yo seamos amigos.

Entre tanta conversación y la cierta admiración que iba creciendo en Ortiz por la manera en que el jovencito se expresaba a pesar de su corta edad, el carro de patrulla se detuvo frente la casa de Amalia. Marlon salió del carro y Ortiz puso el porrón en la puerta, respiró profundo y tocó el timbre. El nerviosismo lo tenía a flor de piel. Se oyeron unos pasos acercándose, una voz decía, va, ya voy, yo quisiera saber quién está tan apurado, parece que es el dueño de la casa.

La puerta se abrió y el matrimonio se miró con fijeza. El tiempo se detuvo; solo existían ellos dos. Amelia ladeaba la cabeza con una media sonrisa. Ortiz parpadeaba aturdido por lo bonita que lucía. Abrió la boca en dos ocasiones para decir algo, pero las palabras no le salían. Por fin fue ella la que saludó y le hizo un guiño de complicidad a Marlon. Luego miró al esposo esperando a que dijera algo.

—Aquí lo tienes —dijo el policía en un tono bajo y dulce, que a Marlon le causó risa. No creía que aquella voz fuera la del hombre que le gritaba y trataba mal cuando lo apresó. Pensó: «¡Vaya, en la calle eres una cosa, y frente a la mujer que amas eres otra! ¿Quién lo iba a decir?». Ella apartó la mirada del esposo y abrazó al muchacho, como se abraza a un familiar en sus peores momentos.

—Ay, Marlon, *mijo* —dijo con triste voz—, ¿qué te ha pasado? Pareces que vienes del mismo infierno.

—Amalia, yo creo que hoy visité el infierno y fui salvado por mi ángel guardián. Te doy las gracias, en verdad, eres un ángel.

—¿Un ángel yo? —preguntó Amelia y prosiguió emocionada—: ¡Quien te sacó fue Ortiz!

—Sí, Ortiz fue el que produjo la acción, pero tú fuiste su inspiración, su motivación. Sin ti no hubiera sucedido el milagro. Gracias, Amalia, y gracias, Ortiz, por salir de la burbuja donde vivías y entrar en este mundo real. Has renacido, es como cuando un pollito sale del cascarón.

—¡Qué pollito, ni que cascarón! Yo soy un lobo. Mi cambio se llama amor; y esta es la manera que encontré para pedirte perdón, Amalia. Eso no quiere decir que renuncio a mis principios revolucionarios.

Amalia se puso roja como un tomate. Otra flecha de Cupido penetraba en su corazón, sonríe con picardía, y dice:

—Ay, Ortiz, ¿qué te puedo decir? Sabes bien que te amo más que nada en este mundo. Al escuchar tus hermosas palabras me siento más orgullosa de ti, porque fuiste justo, y es precisamente de justicia lo que se carece en esta sociedad. Además, recuerda que en la naturaleza las cosas duras se quiebran con facilidad si no se mezclan con las suaves para formar así un equilibrio perfecto. Yo soy tu equilibrio perfecto, soy esa parte suave que existe para que nunca te quiebres. Recuerda que el valor humano está por encima de las cosas.

—De eso estoy más que claro, entonces, ¿me perdonas?

—Claro que te perdono. No obstante, darnos un tiempo sanará cualquier malentendido entre los dos, prefiero ver tu cambio antes de que entres de nuevo a la casa.

—¿Sabes bien que te amo como el primer día y nada ni nadie me alejará de ti? —Ella afirmó y el agregó—: Sé que lo que dije está mal y pido mil perdones, eres mi respiración y lo sabes, Amalia. Yo te amo. Te esperaré el tiempo que sea necesario. El tiempo perdona todo.

Llegó la parte más esperada en una reconciliación, el be; ese beso que hace que olvides todo y a todos los que están a tu alrededor. La pasión abunda en los enamorados, pero en esos dos tortolitos la pasión sobrepasaba el límite del derroche. Se besan como si fuese su primera vez, mientras Marlon, apenado, deja escapar una que otra picaresca tosecilla. Ortiz y Amalia ríen de su ocurrente forma de decir: «Oigan, que estoy aquí». En un gesto de satisfacción, Ortiz pone la mano en el hombro de Marlon, y con alegre voz, no característica en él, le dice:

—Gracias, campeón. Recuerda, no te metas en problemas, así no tendrás que usar a tu hada madrina como escudo. Recuerda que las hadas madrinas conceden un solo deseo y no se debe de abusar de ellas.

Diciendo esto, Ortiz caminó rumbo al carro de patrulla. Tuvo que aprovechar el aventón. Estaba cansado de tanto ajetreo y solo deseaba descansar. No obstante, se reflejaba en el rostro la satisfacción de haberse reconciliado con su amor, aunque no pudo quedarse en la casa como anhelaba.

Amalia demostró una vez más su corazón noble. Le pidió a Marlon que entrara a la casa. No quería que su madre lo viera en un estado tan deprimente. Con gran amabilidad, preparó agua tibia para que se bañara. Luego, se dirigió a la casa del joven por ropa limpia y le dejó saber para que no se preocupara que el muchacho estaba en su casa. La madre de Marlon, sin sospechar lo que realmente sucedía, accedió a entregársela. Amalia era considerada como parte de la familia. Tras bañarse, mientras Amalia curaba algunos raspones que tenía en el cuerpo, le dijo:

—Marlon, estás hecho un desastre. Te prohíbo que vuelvas a ese lugar; debes buscar otra manera de luchar por la vida, una que sea menos arriesgada.

—Amalia, un amigo tuyo me dio una dirección de una cafetería para trabajar allí —dijo el muchacho un poco apenado.

—¿Un amigo, dices?

—Sí, Frank, él es músico. Todos lo conocen como el opositor.

—Oh, Frank sí es un buen amigo. Es de esas personas que nunca cambia. Lo ves hoy, pasan los años y sigue igual. Tiene el mejor corazón del mundo. Él y Ortiz tienen sus diferencias, pero yo sigo siendo su amiga, a pesar de todas las dificultades —le dijo la mujer—. Escúchame bien, Marlon, los amigos no cambian por fuerte que sean los vientos. Siempre están ahí cuando lo necesitas. Eso es lo que nos diferencia entre la multitud.

—Lo sé. Tú eres una gran amiga para nosotros.

—No, Marlon, para mí ustedes son especiales, son mi familia. ¿No lo crees así?

—Por supuesto.

Marlon siempre sentía que el tiempo volaba cuando conversaba con Amalia, como si estuviera hablando con un ángel. Ella y Ortiz conforman la pareja más polémica del mundo. Una especie de Ángel y demonio. Sí, la conversación era muy grata, pero Marlon tenía que ir a la casa a descansar, para después seguir con su tarea diaria, como suele decir él: «josear[6] el dinero». La experiencia pasada fue dura y provechosa a la vez, porque tuvo experiencias nuevas y, sobre todo, conoció muy buenas personas. Una de ellas algo llamó su atención: era el lobo Ortiz. Para Marlon parecía traído de otro planeta o creado para nunca salirse de sus objetivos. Antes de estar en el calabozo por unas horas, no tenía ni idea de la existencia de la palabra

---

[6] Proviene del término en Ingles "Hustler" que significa "Busca vida". Ya hace más de una década que en USA los latinos comenzaron a utilizar ese término "Josear" queriendo decir "buscársela".

adoctrinamiento. Hoy parece conocerla a la perfección. Ese concepto que cargan todos en Cuba, como ovejas. El amor del lobo hacia Amalia y su eterno agradecimiento hicieron algo difícil, pero no imposible. El total perdón del joven al lobo Ortiz hizo posible que entre los dos surgiera una sincera amistad. Este hombre, de apariencia inquebrantable, comenzó a buscar a Marlon todos los días para mandarle recados a Amalia. Con él lloraba sus penas. Le decía estar arrepentido de todo lo que dijo de su cuñada. Reconoció su error, sin dejar de defender sus principios. Empezó a tratar mejor a las personas, a reconocer la dura vida cubana.

Los fuertes problemas de delincuencia los trataba con mano de hierro. Los casos de supervivencia los trataba con discreción, siempre dejando escapar un consejo:

—Mi gente, denle suave y no estén a la cara. Respeten al policía.

Ortiz se había convertido en el reflejo de Ariel. Afortunadamente, el pueblo empezó a tomarlo en cuenta. Pasó de ser el lobo Ortiz, el cazador, al lobo Ortiz, el hermano.

Una tarde, en unos de sus recorridos, Ariel no pudo más, y en voz alta, dijo:

—Ortiz, ¿qué te sucede? ¿Estás enfermo? ¿Te diste un golpe en la cabeza o tienes amnesia? Te miro y no te conozco.

—No, hermano, creo que escapé.

—¿De dónde escapaste? Que yo sepa nunca has estado preso. Disculpa, hermano, yo creo que a ti *se te fue el tour*.

—Sí, escapé de la burbuja en la que vivía, llena de autosuficiencia, codicia, ambición. Sabes que mi papá es un coronel del Ministerio del Interior. Luchó en la Sierra Maestra y en la clandestinidad. Él es mi héroe favorito. Me enseñó de todo menos el significado de humildad. Papá me crio en un mundo donde no me ha faltado nada, en el mundo de los galácticos, en el de las alturas.

Mi mundo siempre ha sido perfecto, el mundo de los dioses cubanos, el de la cúpula, los mayimbes.[7] Papá no me enseñó a mirar para abajo, ni a mirar las carencias de los simples mortales de mi pueblo, creando en mí esa

---

[7] Cu, RD. Persona que desempeña un alto cargo en una institución estatal.

burbuja a la que Marlon se refirió el día que lo agarramos con el porrón de aceite. De esa venda en los ojos que me hacía superior a todos, de ahí escapé.

—¡Bravo! —aplaude Ariel—. Me da mucho gusto que esa venda se haya caído, y que hoy puedas ver con claridad la realidad.

—Fiel a mis principios revolucionarios —responde Ortiz—, pero con el corazón abierto para mi pueblo. Este pueblo necesita ayuda.

La metamorfosis de Ortiz había comenzado, evolucionando hacia algo positivo. Empezó a tratar a todos con respeto, incluyendo disidentes, ancianos y jóvenes. Sin embargo, este cambio no mitigó su odio hacia Frank, que fue liberado unos días después de la partida de Marlon. Poco después, se produjo un acercamiento entre Amalia y Frank. Amalia estaba profundamente afectada por la negación de la visa a su hermana y no dudaba en expresar a todos lo injusta que le parecía la situación. No podía comprender por qué una persona que nunca había atacado a la revolución cubana con sabotajes o actos terroristas era tratada de una manera tan despreciable, simplemente por pensar diferente o por reclamar sus derechos. Sentía que era una exclusión cruel e injusta de sus raíces. A menudo compartía su tristeza con Frank, aquel que terminó convirtiéndose en su principal confidente y apoyo emocional.

Frank, por su parte, estaba contento de volver a abrazar a tan querida amiga. Pero como el amor, la política y los celos son arroyo de un mismo caudal en esta historia, Ortiz observaba desde una esquina tan amigable conversación. Aunque el ganado esté disperso, debe estar bien controlado, y el lobo lo sabía bien. Mantener vigilada a su amada desde las sombras era su obsesión.

Marlon, que en ese momento pasaba cerca del lugar, observó al escurridizo policía entre los arbustos y se percató de lo que sucedía. Mostró su instinto juguetón queriéndole jugar una broma. Le gritó cerca del oído: «cógelo, cógelo, ¡es un ladrón!». Ortiz dio un salto como presa descubierta, mientras Marlon reía a carcajadas por el susto que le había dado

—¡Eres tú, pequeño bribón! —le dijo Ortiz en voz baja, por miedo a ser descubierto, a pesar de la distancia a la que se encontraba.

—Soy yo, hermano. No te alarmes. Estoy yendo a comprar algunas cosas para la cafetería donde trabajo. Te vi por casualidad, observando a algún desdichado con detenimiento y me entró la curiosidad. Así que aquí estoy, y ahora entiendo a quién estas cazando.

—Respétame, Marlon, yo solo estoy tomando un poco de aire, aquí, en la esquina.

—¿Cogiendo aire en esta esquina? No me parece, que te compre quien no te conozca. Tú no eres hombre de esquina. De igual manera, tienes el derecho de hacer lo que te dé la gana. Ya eres mayorcito.

Dispuesto a irse, Marlon pasó su vista por los alrededores del ajetreado parque, cuando sus ojos se toparon con Frank y Amalia, que parecían tener una conversación muy agradable, por la sonrisa de ambos. Su mirada pícara dejó al descubierto el nerviosismo del lobo Ortiz.

—¿No me digas que estás celoso?

—¿Perdón? No son celos. Me preocupa que Amalia se está involucrando más y más con ese descarado delincuente y tenga problemas. Eso es lo que quiero evitar.

—En primer lugar, no ofendas a Frank. Sabes que es mi amigo. Debes llamarlo por su nombre.

—Está bien, como quieras. Ese opositor le va a traer problemas a Amalia. Marlon te haré una pregunta. ¿Tú quieres mucho a Amalia?

—Por supuesto. Incluso así, no puedo interferir en sus decisiones.

—Y, si hubiera una forma mejor de ayudarla a ella y a la Revolución, ¿lo harías?

—Si está en mis manos, sí.

—Entonces te propongo esto. Tú puedes pasarme la información de todos sus movimientos para tenerlo controlado. Ellos no van a sospechar de ti. Sobre todo, quiero estar bien informado de ese tal movimiento llamado San Isidro, que se ha hecho popular. Al toro bravo hay que tenerlo bien amarrado por los cuernos, y así yo llevo el control, para cuando le caiga arriba tener evidencias. Lo que le va a caer a ese movimiento es codito con mortadela [8] —dijo con firmeza Ortiz—, porque no creerás que los vamos a dejar hacer lo que les dé la gana. Aquí se camina por dónde se debe caminar o no se camina. Entonces, yo con mi influencia la saco a ella como hice contigo, digo, si llegara a tener problemas.

—Tú me estás diciendo que sea un chivato, un soplón tuyo. Me da tremenda pena contigo. Yo nunca haría eso.

—Ellos te han confundido —reprochó Ortiz en baja voz

—Nadie puede confundirme. No aspiro a ser tu perro faldero, y, de hecho, sí estoy confundido. Cuando converso contigo, hay muchas cosas que no entiendo. Al hablar con ellos, me ocurre lo mismo. ¿Por qué no dialogamos todos, sin ofender? Que Frank exponga sus puntos de vista y tú los tuyos; así podré formarme mis propias conclusiones.

—Con el enemigo no se dialoga —gritó Ortiz, lleno de rabia.

---

[8] Cubanismo. Les va a caer todo el peso de la ley.

—¿Enemigos? No veo esos enemigos que dices, lo que yo sí veo y te lo diré sin rodeos, son a muchos hermanos divididos por diferentes ideologías —dijo Marlon.

—A mí me parece que tienes miedo —Marlon retó a Ortiz.

—¿Miedo yo a qué? —dejó escapar una letal sonrisa—. Este lobo no le tiene miedo a nada, además, yo creo en la Revolución y por ella voy adónde tenga que ir.

—No se hable más entonces. Conversemos como buenos amigos —propuso Marlon.

—Yo no soy amigo de Frank —dijo Ortiz en tono displicente.

—Está bien, señor oficial, disculpe la ofensa. Conversemos como buenos enemigos, pero conversemos.

Capítulo 6

Se fueron acercando a Amalia y Frank que seguían inmersos en   su confidente plática. Cuando ella los vio llegar, mostró un gesto de preocupación. Enfrentaba el dilema de la eterna enemistad entre estos dos hombres, a los cuales quería mucho. Por su parte, Frank vio la oportunidad de mortificar una vez más a Ortiz, y dijo con voz burlona:

—Buenos días, ¿qué hace mi policía favorito por estos lugares? ¿Será que está reclutando niños para su campaña contras los desafectos de la revolución? Espero que no caigas tan bajo, ¿o es qué estás celoso?

Ortiz al escuchar esto se abalanzó sobre Frank como lobo a su presa. La rapidez de Amalia no le permitió llegar a su objetivo. Un inesperado abrazo impidió tan desagradable encuentro. Le suplicó al esposo que no se dejara provocar.

—Yo —con rapidez propuso Marlon—, como todos sabemos, soy también protagonista de esta historia; esta historia de amigos.

—Te dije que yo no soy amigo de esta lacra. Además, yo puedo responderle de la forma que él quiera: con palabras o partiéndole la cara. Sí, como él prefiera. Yo le doy el gusto al consumidor —respondió Ortiz enojado. Al escuchar esto, Frank se levantó del asiento, como perro rabioso. Marlon pudo frenar a tiempo su impulso, no sus palabras.

—Pa'quien tiene picazón la mejor medicina es rascarse —le dijo Frank en tono de ofensa.

—Déjense ya de tonterías —gritó Amalia—¿Por qué no podemos conversar como personas normales?

—Sí, como personas —gritó Marlon, aturdido, sin poder controlar su angustiado llanto—. Estoy cansado de tanta inmadurez. Se supone que el inmaduro sea yo y no es así. ¿Saben por qué? Ustedes dos me han enseñado a ser fuerte y, sobre todo, a respetar. Tú, lobo, no me importas que seas el peor policía del mundo, el más abusador, el más… —La emoción dejó a Marlon sin palabras, por un segundo. Luego respiró profundo y, con un gesto de dolor, prosiguió—. Coño, me duele decirlo, pero lo diré, puedes ser el policía más mierda del mundo, que yo siempre estaré a tu lado; de esa mierda me voy a embarrar yo. ¿Sabes por qué? Porque eres mi amigo, te quiero, y no me da miedo decirlo, cueste lo que cueste. En cuanto a ti Frank, puedes ser el opositor más perseguido en este país que yo voy a estar contigo, en las buenas y en las malas, pase lo que pase, voy a escuchar tus canciones, aunque estén censuradas, porque también somos amigos y nada ni nadie podrá cambiar eso… ¿Bien?

»Amalia y yo seremos la diferencia entre sus dos polos opuestos y estaremos aquí para enseñarles que el respeto es el equilibrio en la balanza humana —continuó Marlon—. Mi padre me enseñó que, sin respeto, no existiría amor; sin respeto, no existiría amistad; en fin, no existiría nada. Por eso les pido que hablemos de manera civilizada. Frank y Ortiz, al verlo tan compungido por la situación, se calmaron.

—Está bien, hermanito, no te pongas así. Yo puedo hablar —dijo Frank—, aunque será por gusto, a nosotros los opositores no se nos escucha.

—Yo quisiera entender muchas cosas, hermanos —prosiguió Marlon, en un tono más equilibrado—. ¿Recuerdas, Frank, cuándo estábamos en el calabozo? Me dijiste que un día escribirías una canción que se titularía: "Lo que no entiendo"

—Sí, claro, que lo recuerdo.

—Como yo no entiendo muchas cosas, hoy trataré de entenderlas. Por primera vez estamos todos de frente, y no es que quiera juzgar a nadie, sino que como dije quiero entender —dijo el jovencito de manera pausada—. Mi primera pregunta es para ti Frank. ¿Por qué dices que no te escuchan?

—Porque este gobierno no escucha a nadie, hermano mío.

—Claro que sí —interrumpió Ortiz—. Escuchamos a la voz de la razón, no una pila de habla mierda que quieren tumbar el gobierno.

—¿Ves, hermano, como no podemos hablar sin ser cuestionados? —dijo Frank molesto—. Ellos quieren silenciarnos a la fuerza y ¡no podrán! ¿Sabes por qué? Porque existe un movimiento San Isidro, unas Damas de Blanco, un Ferrer, un Luisma, un exilio, y muchos más que, como yo, no se van a callar jamás, hasta las últimas consecuencias. Le daremos el doble sentido a la razón. Tú luchas por tus causas y lo entiendo; yo lucho por las mías y lo tienes que entender. ¿Por qué camina en un solo sentido la razón en este país? Solo el de ustedes. Tener el control de las armas o del ejército no significa que tengan la razón. Callar la voz de un pueblo con golpes y encarcelamiento no significa que tengas la razón. Eso no los hace fuerte, los hace unos abusadores. Eso te hace estar en contra de los derechos humanos, aunque no lo reconozcan.

—Entonces —interrumpió Ortiz—, ¿crees tú que el férreo bloqueo que nos han impuesto por más de sesenta años es justo?

—Te diré lo que pienso del embargo, porque quiero que sepas que no es lo mismo que el bloqueo —respondió Frank sin titubear—. Considero que ningún país del mundo debe ser embargado, pero escúchame bien, yo, ni el movimiento San Isidro, ni las Damas de Blanco o cualquier opositor, que haya expresado su desacuerdo en contra del gobierno en Cuba, pusimos el embargo. Nosotros sufrimos como tú todas las carencias que existen. Te diré quién puso el embargo y por qué. Hoy te hablaré de una historia que no conoces. El primer embargo fue impuesto por la administración de Dwight D. Eisenhower, sobre las ventas de armas el 14 de marzo de 1958, durante el régimen de Fulgencio Batista. La segunda vez fue en octubre de 1960, como respuesta de las expropiaciones de las compañías y propiedades de ciudadanos estadounidenses en la Isla, por parte del gobierno revolucionario cubano, dirigido por Fidel Castro. Te repito, no fuimos nosotros los que implantamos el embargo.

—¿Por qué lo apoyan? —preguntó Ortiz.

—Eso tiene otra explicación. Nosotros no estamos de acuerdo con que se le quite nada a nadie. Los patrimonios se crean con esfuerzo y dedicación, y no es justo que venga otra persona, por mucho rango que tenga y te quite lo tuyo, así, sin más ni más. Te pondré un ejemplo: Fidel Castro les quitó las casas a muchos que emigraron para Estados Unidos en diferentes épocas.

—Ellos se fueron, nadie les quitó nada —añadió el lobo Ortiz.

—En todos los países del mundo se respeta el derecho a la propiedad privada. Uno puede vivir en otro lugar, incluso morir lejos, y sus propiedades son heredadas por sus familiares. Eso ocurre en todo el mundo, excepto en Cuba. Aquí, los cubanos carecemos de derechos; solo rige la ley del embudo, beneficiando únicamente a los aliados de la Revolución, a los partidarios de los Castros. Los demás, no contamos.

»Bien, continuemos con mi ejemplo: esa casa que Fidel expropió y luego entregó a alguien que jamás derramó una gota de sudor para adquirirla, es un claro abuso de poder. Esas personas, con el paso del tiempo, se sienten dueños legítimos de esas viviendas. Puede que hayan vivido allí durante más de cincuenta años, toda una vida, pero la legitimidad pertenece a los verdaderos propietarios que están en el exterior. ¡Dueños sin derechos! ¿Qué piensas al respecto? ¿Qué sucedería si esos propietarios regresaran a Cuba y se les ofreciera la oportunidad de recuperar sus casas?

—¿Qué va a suceder? Eso ni pensarlo —contestó el lobo Ortiz—. Te aseguro que se formaría una guerra. Nadie se va a dejar quitar nada.

—¿Ves? Nos estamos entendiendo, Lobo —prosiguió Frank—. Eso es lo que sintieron y sienten todas esas personas a las que Fidel les quitó todo.

—Es verdad que no es justo —afirmó Marlon—, pero lo pasado es pasado.

—Tú te callas, vejigo, que ni idea tienes de lo que estamos hablando —lo reprendió Ortiz.

—Yo solo trato de aprender —contestó el muchacho en tono inocente.

—No tanto así y yo estoy aquí para enseñarte, aunque otros se opongan —continuó Frank, mientras ponía una mano en el hombro del joven—. Para esas personas, que se lo quitaron todo, nunca es pasado, siempre es presente. Algo sí debemos de hacer con relación a eso.

—Ese es uno de los temores que abruma a los cubanos frente a un cambio político. Ahí está la cosa —

ripostó Ortiz—. Un cambio político así, no más, y que se forme el arroz con mango... ni pensarlo; eso nunca va a suceder.

—No, Lobo, los gobiernos tienen que escuchar propuestas y trabajar basándose en ellas para ayudar al pueblo.

—No, nos estamos entendiendo —gritó Ortiz, mientras movía la cabeza en un gesto de negación—. ¿Tú crees que si en Cuba hay un cambio y gobierna una persona que provenga de los Estados Unidos va a escuchar al pueblo? No lo creo, el capitalista solo piensa en el capital, no en los derechos de nadie.

La calurosa conversación había aglomerado a muchos transeúntes, siempre dispuestos a escuchar y a dar su opinión

—Eso es lo que nos han dicho siempre —exclamó Amalia—. Si hay un gobierno que escucha a su gente, ese es el americano. Ahora te voy a decir por qué. Yo soy licenciada en historia y he estudiado la de los Estados Unidos y es una historia interesante. El rey de Inglaterra no escuchó a los colonos cuando reclamaron sus derechos, el aumento de los impuestos, debido a la guerra de los siete años 1756—1763, donde el Reino Unido y Francia pelearon por expandir sus colonias en América e India, trayendo como consecuencia una gran dificultad económica para el país. Los altos impuestos, antes mencionados, trajeron como consecuencia el disgusto popular. Al no ser escuchado se sintieron marginados y no representados, lo que conllevó a una guerra civil. Este conflicto finalizó con la derrota británica en la batalla de York Town y la firma del tratado de París; así las trece colonias se independizaron de Gran Bretaña y edificaron el primer sistema político liberal y democrático, alumbrando de esa manera una nueva nación: los Estados Unidos de Norte América. Incorporaron nuevas ideas revolucionarias, que promulgaba la igualdad y la libertad.

—Entonces, ¿los Estados Unidos es una revolución como la de Cuba? —preguntó entusiasmado Marlon.

—No como la de Fidel, pero comenzó como una revolución, porque revolución no es más que cambios violentos y radicales en las instituciones políticas de una sociedad. Y ahí no quedó todo —prosiguió Amalia—, luego del surgimiento de una nueva nación, nacida de una declaración de que todos los hombres fueron creados con un derecho igualitario a la libertad, seguía siendo el país con más esclavos del mundo y totalmente dividido.

El norte fomentaba el derecho a la no esclavitud, mientras el sur fomentaba el derecho a esta, fragmentando el país en dos partes. Cuando Abraham Lincoln gana las elecciones en 1860 y se convierte en el primer presidente republicano en prometer públicamente la liberación de los territorios, siete estados del sur se separaron y formaron una nueva nación. Esto trajo por consecuencia una nueva guerra civil, que culminó el 10 de mayo de 1865. Así comenzó el largo y doloroso proceso de reconstrucción de una nación unida. En ese momento, los negros eran libres, pero marginados, como las mujeres, que no tenían derechos al voto. La nación sufría un racimo extremo por parte de nuevos cultos religiosos de supremacistas blancos.

La lucha por una verdadera democracia continuó. Surgieron nuevas protestas, manifestaciones y, sobre todo, nuevos líderes como Malcolm X, Martin Luther

King. Este último dio su vida por su pueblo, doblegando a la nación más poderosa del mundo, con sus protestas pacíficas. Este líder demostró que un cambio era posible. Gracias a las protestas y a la continua lucha, hoy las mujeres y los negros americanos tienen derechos al voto, a la libertad plena; toman decisiones en el congreso y hasta han llegado a ser presidente de los Estados Unidos, como es el caso de Barack Obama. —Todos escuchaban con atención la magnífica intervención de tan osada joven. Poco a poco los pasantes se paraban para escucharla. Continuó—: En nuestro país nos hablan de derechos, de igualdad, de democracia, pero no nos escuchan. Nos obligan a seguir sus reglas; no las que quisiéramos nosotros por propia voluntad.

—Creo que esta conversación está tomando otro rumbo —interrumpe el lobo Ortiz, en tono de desacuerdo—. Nosotros no somos un pueblo perfecto. Sí justo. Aquí no hay racismo, luchamos por la igualdad de todos los cubanos. Esta es la esencial premisa de la revolución.

—Discrepo de eso, joven —se escuchó una voz, mientras se abría paso por la congregada multitud.

—¿Y usted quién es? ¿Quién le dio vela en este entierro? —le preguntó Ortiz.

—Yo soy un cubano como tú, con una sola diferencia: yo vivo en los Estados Unidos. Y me maravilla cómo esta hermosa muchacha sabe mucho más que yo de ese gran país. Además, ¿sabes por qué tengo vela en este entierro? Porque estoy cansado de callar. Sí, callar, por temor a perder lo que más amo en la vida: mi familia y esta hermosa tierra de la cual formo parte. Aunque viva lejos, también sufro las mismas consecuencias debido a la ley del silencio impuesta por este régimen dictatorial.

»Hoy, al expresar lo que pienso de esta desgastada revolución, le estoy poniendo precio a mi libertad, estoy perdiendo el derecho de entrar a mi país a ver a mi gente, a mi madre, a mis hijos, a mi esposa, a mi malecón. Ellos lo saben y nos obligan a callar, pero hay muchos cubanos con dignidad que tienen el valor de gritarle al mundo sus ideales sin temor. Por tal motivo viven en un doloroso exilio.

»Nosotros, los cubanos, hemos perdido la identidad. Cuando alguien nos pregunta qué pensamos de la revolución, respondemos con temor, diciendo que no somos políticos y que no nos interesa hablar de política. No, simplemente estoy perdiendo mi identidad, estoy canjeando mi libertad, porque es una libertad entre comillas. Si te comportas bien, no les haces críticas al gobierno y haces lo que ellos quieren, entonces tienes los beneficios de ser cubano. Pero es una libertad condicionada, una libertad entre comillas. Permítanme ilustrarlo de una manera más clara: si me opongo al régimen, pierdo esos beneficios esenciales. Me veo obligado a renunciar a todo lo que amo.

—¡Te conviertes en un extraterrestre! —exclamó uno de los presentes, provocando risas en el grupo ya congregado.

—Sí, aunque sea triste admitirlo, es así. Si todos los cubanos, tanto dentro como fuera de la isla, pudiéramos expresar libremente nuestras opiniones, este sistema sería diferente. Los cubanos tendríamos una verdadera democracia. Miren el caso de Cándido Fabré, quien fue a Estados Unidos y expresó su opinión sobre la Revolución. No fue cuestionado, no lo encarcelaron ni lo forzaron a decir algo que no pensaba. Simplemente lo escucharon: ¡eso es democracia! En cambio, yo regreso a mi tierra y no puedo decir lo que pienso por temor a represalias.

—El pueblo de Cuba está perdiendo el temor, lo que dice el señor es razonable —dice Frank—. El venezolano Nacho dice lo que piensa, en Venezuela, Cuba y en cualquier parte del mundo, porque tiene identidad; sin embargo, muchos de nuestros artistas no lo hacen, por temor a lo antes expuesto, tomando el camino más fácil. Creo que este gobierno sabe que nosotros los cubanos somos muy familiares y se aprovecha de eso, quebrando nuestra voluntad.

—Te haré una pregunta y quiero que me respondas —dijo Ortiz—. ¿Con sinceridad tú crees que el atentado de Barbado no fue un crimen?

—Yo creo en la lucha pacífica —dijo Frank—. Recuerda que el movimiento San Isidro lucha por los derechos humanos, por un cambio justo, en el que todos tengamos derechos a las urnas presidenciales. Que la izquierda y la derecha sean sus principales protagonistas. No creo en el teatro que tienen montado desde el comienzo de la Revolución. Por eso luchamos, por unas elecciones justas. Yo no creo en la violencia, como no creía Martin Luther King, como no creía Fidel Castro antes de convertirse en lo que fue, pero despué del golpe de estado por Fulgencio batista, el 10 de marzo de 1952, todo cambió. Fidel se dio cuenta de que la diplomacia no funcionaba en los gobiernos dictatoriales y decidió levantarse en armas.

»El movimiento de la clandestinidad puso bombas, atacó policías, cuarteles. Eso quiere decir que todo pueblo oprimido tiene el derecho a defenderse. Fidel optó por la violencia, como muchos han optado, para demostrar su inconformidad al régimen imperante del momento. Ahora, respóndeme tú con sinceridad. Nosotros en esta Cuba actual no hacemos acciones violentas, solo acciones pacíficas, estamos de acuerdo con el diálogo democrático y ¿qué hemos conseguido? ¡Nada! El gobierno no escucha porque las dictaduras son sordas, inmunes a los reclamos sociales. Nos encarcelan, nos golpean, tratando de silenciarnos para que el mundo no escuche nuestra voz; voz de pueblo marginado. Y no me refiero al movimiento San Isidro nada más. Con orgullo, te menciono a las Damas de Blanco, ejemplos de perseverancia y determinación social por los derechos humanos, la UNPACU, dirigido por José Daniel Ferrer, líder indiscutible de la disidencia en el interior de la isla, desde el asesinato de Oswaldo Paya, Ariel Ruíz Urquiola y el Premio Sájarov Guillermo Fariñas. Te podría mencionar mucho más, porque la lista es interminable. El escritor Reinaldo Arena es otro ejemplo. Solo pudo publicar un libro en Cuba porque fue vetado por su manera de pensar en contra del régimen. ¡No hay libertad!

—Esos chavales tienen razón —gritó otro hombre, que apareció de entre la multitud—. Esté país se está yendo a la mierda. Yo soy un hijo de puta de otro país, ¿vale?; pero no me voy a quedar con esto por dentro. —Alguien, también de entre la multitud, le preguntó qué sabía él de lo que pasaba en el país, tratando de desacreditar sus palabras. Él contestó que lo sabía todo, que no se olvidaran que habían sido ellos, los españoles, lo que les enseñaron a taparse el culo—. No vine hablar de eso, joder —grita el gallego indignado—. Lo que sí le puedo hablar es de política y putería, que es de lo que estoy graduado —respiró profundo y prosiguió—. Ayer conocí a Margot, una joven de diecinueve años y madre de una niña, quedamos en echar un polvo, que es a lo que venimos muchos viejos, barrigas verdes, como yo, sexo fácil —Muchos de la multitud comenzaron a gritarle «viejo descarado». Estaban realmente indignados. A lo que el español les gritó que les dieran por el culo. Luego prosiguió su historia—: Cuando empezamos aquello, que ustedes saben, me di cuenta de que la chica estaba llorando, entonces me detuve y le pregunté qué le pasaba, ella me respondió, apenada, entre llanto, que no estaba acostumbrada a hacer algo así. Me dijo que lo estaba haciendo para darle de comer a su niña. Yo me detuve en seco, por primera vez en mi vida sentí que lo que estaba haciendo estaba mal. Me puse de pie, me vestí, le regalé cien euros y, con lágrimas en los ojos, le ofrecí una disculpa y me fui.

—Oye, gallego, cara de coco, ¿qué tiene que ver el gobierno con tu putería? —le gritó el mismo individuo.

—Tiene que ver mucho, partida de ignorantes. En mi país hay puteros. Las chicas que trabajan allí porque le gusta el dinero, es decir la vida fácil, las extranjeras lo hacen por deudas, lo que quiero decir que las chicas de mi país, joder, tienen opciones, pero aquí no; están obligadas por el hambre y la miseria, no se queden callados, reclamen su libertad.

Este gallego lo que es un oportunista, y los que hablan mal de la revolución son unos descarados, gusanos, pagados por el imperialismo —gritaban muchos de la ya aglomerada multitud, mientras otros ripostaban—: Cállense la boca, chivatones, lame botas, ellos tienen la razón.

Poco a poco, la multitud se sumergió en un estado de furia creciente; los ánimos se encendieron y las discusiones se intensificaron, dando lugar a enfrentamientos entre unos y otros. Esta escena se convirtió en un claro ejemplo de la vieja máxima que advierte sobre los riesgos de debatir temas de política o religión, que con frecuencia desembocan en discordia y conflicto.

Los gritos de la multitud llamaron la atención de los policías de turno, que trabajaban en esta zona operativa. La dictadura tiene miedo de que ocurra un estallido social, manteniendo alerta a sus testaferros a lo largo del país. Cualquier tumulto sospechoso era eliminado al momento en forma violenta. Las sirenas retumbaron como tormentas enfurecidas. Sin más, los carros de patrulla llegaron a la multitud. Su misión era disolver una supuesta manifestación, los chivatos no dejaron pasar por alto la oportunidad de hacer su trabajo: denunciar al pueblo. Hasta las peñas deportivas eran vigiladas. El miedo del caduco gobierno brotaba a flor de piel. Sin hacer preguntas, y con las estrofas en manos, se lanza sobre la multitud. Gritaban que no querían aglomeraciones de ningún tipo, que se fueran para sus casas o que se atuvieran a las consecuencias. «Váyanse al trabajo, partida de vagos, o a cualquier lado, pero circulen, no los queremos ver aquí», le decían a la multitud.

Ortiz, al darse cuenta de la situación, sacó su carné de identificación policial; luego se acercó a Frank y le dijo en voz baja, que con toda facilidad podría señalarlo como el líder de la revuelta, y eso, le podría costar años de cárcel. Y ya sabes lo que dicen por ahí: "Muerto el perro, se acabó la rabia."

Marlon, al percatarse de la jugada sucia de Ortiz, intervino muy enojado.

—Aquí todos somos líderes.

—Yo no te creo capaz de algo así —le dijo Amalia, que lo miraba desconcertada.

Ortiz los mira con fijeza y empieza a reír a carcajada, y con voz burlona dice:

—Con ustedes no se puede jugar. Yo nunca arriesgaría a Amalia y a Marlon. Ellos son los únicos que están por encima de todo, y cuando digo todo es todo. Por favor, dejémonos de tanto bla, bla, bla y larguémonos de aquí. Esto se puso feo. —Levantó su identificación y, entre la exaltada multitud y la agresiva policía, los sacó de allí.

Fuera del lugar, Frank le extiende la mano a Ortiz en gesto de agradecimiento, dándole las gracias por todo—. No me des las gracias, no lo hice por ti, además, no tengo que darte la mano. Yo no soy tu amigo. No te confundas, bufón, que lo hice por Marlon y Amalia. Si fuera por mí, tú sabes dónde estarías.

—Sí, lo sé, pero antes de marcharme déjame aclararte algo, perrito sato, porque de lobo lo único que tienes es la cola, que solo sirve para moverla cuando ves a un superior. No eres un lobo, eres un perro faldero de la dictadura, un lamebotas.

Al escuchar esto, Ortiz reacciona enfurecido y, sin decir palabras, se lanza sobre Frank. No tuvo el resultado esperado. Amalia sabía que estaba en medio de un polvorín, que, con solo una chispa comenzaría de nuevo el conflicto entre estos dos examigos. Su reacción fue rápida; conocía el alto grado de violencia del esposo, no porque ella lo hubiese experimentado alguna vez, sino por las descripciones de muchos conocidos, lo tenían como un policía abusivo. Su intervención dio resultado. Frenó de golpe al enfurecido policía.

—Déjalo, amor —grita Amalia mientras lo detiene con sus frágiles manos.

—Permítele desahogarse, Amalia —le dijo Frank con firmeza—. No le tengo miedo ni a él ni a sus esbirros. He estado preso y he sufrido torturas, pero como puedes ver, sigo firme en mis convicciones. Deja que se desquite, que me golpee hasta agotarse. Es lo único que saben hacer con un pueblo indefenso —exclamó, desafiando a Ortiz con su mirada—. Pondré mis manos en la espalda y gritaré por la libertad como un cubano digno. Quiero que el mundo vea cómo un cubano agrede a otro sin justificación alguna. Mi lucha es justa y pacífica. Las grandes transformaciones exigen grandes sacrificios y estoy dispuesto a pagar el precio por la libertad de Cuba. Y tú, Ortiz, ¿qué estás dispuesto a hacer por un pueblo que ha sido tan maltratado?

—¿Quieres que te enseñe lo que yo estoy dispuesto hacer por mi revolución? —respondió Ortiz de manera agresiva.

—¡Basta ya! —gritó Amalia, mientras empujaba al desafiante policía. En su rostro se reflejaba el disgusto al interminable conflicto—. Estoy cansada de que ustedes se comporten como gallos de pelea y no usen la razón. No es momento de pelear. Cuba no necesita desangrar a sus hijos. Cuba necesita que todos los cubanos caminemos en una sola dirección. Es el momento de luchar para salvar esta nación, que se destruye en pedazos.

—Amalia tiene razón —dijo Frank, en tono calmado—. Ser fiel a tus ideales no significa que seas el verdugo de tus hermanos —agregó, mirando a Ortiz—. Este pueblo ya no aguanta más. Cualquier día habrá un estallido social, y tú, policía excepcional, ¿serás capaz de enfrentar con violencia a tu querida Amalia o ese vecino que ha crecido a tu lado toda una vida, por el hecho de pedir libertad?

—Ustedes hablan así, porque no entienden a esta revolución —dice Ortiz más calmado—. Esta revolución es del pueblo, no seriamos capaces de hacer esas barbaridades de las que nos acusan. Somos policías, y en cualquier país del mundo la policía es un órgano represivo; así mantenemos al margen toda la lacra antisocial, que abusa de las buenas intenciones de esta revolución. Ese es nuestro trabajo; pero les prometo y juro ante Dios, hoy 10 de julio del 2021, que eso nunca va a ocurrir. El gobierno de Cuba jamás derramará sangre de nuestros hermanos. Eso lo juro ante Dios.

Después de una tarde repleta de desafíos, Ortiz y Amalia se alejaron juntos. Su paseo era lento, sin prisa, como si el tiempo no importara. Sin que se percataran, la calurosa noche había caído sobre ellos, acompañada de los habituales apagones. A pesar de la discusión anterior, ya perdida en el olvido, como un mero recuerdo del pasado, Amalia se sentía feliz. Había notado un sutil cambio en su amado. Los viejos rencores se habían disipado y ella no podía contener su risa. Ortiz, por su parte, se aferraba a sus manos como un jardinero a su flor más preciada, mostrando una timidez casi juvenil, mientras ella irradiaba una atrevida pasión. En un momento de pausa, Amalia se detuvo frente a Ortiz y lo miró con intensidad. Sin mediar palabra, lo sorprendió con un beso. Él, con una sonrisa pícara, le preguntó la razón de tan repentino impulso.

—Estoy contenta; es solo eso. He visto en ti hoy algunos cambios y eso me hace feliz. Recuerda, ni muy bueno, ni muy malo, siempre justo; eso es lo que nos hace ser mejores.

—Amor, en realidad, no sé lo que me pasa. Como dice Marlon, he salido de la burbuja. Bueno, eso creo. No hay peor ciego que el que no quiere ver, y yo me he liberado de esa venda. Hay muchas cosas que cambiar, lo sé. A pesar de todo, creo en la Revolución, y sé que vamos a superar estos momentos difíciles.

—Es difícil superar lo que por décadas se viene arrastrando —respondió Amalia—. Fidel tuvo suerte y supo colocarse; siempre se afilió a los que le podían dar, como se dice popularmente, siempre tenía una teta que ordeñar: los rusos, los chinos, los venezolanos, pero ya nos destetaron. Lo que llega a Cuba es a puro dolor o por la misericordia divina. En los momentos de esplendor no se fomentó una agricultura particular o una inversión extranjera.

—El culpable de todo es el bloqueo —interrumpió Ortiz.

—No hablemos de bloqueo, amor. ¿Por qué siempre tenemos que culpar a alguien de lo que nos pasa? No es el bloqueo el que tiene los campos sin cultivar, llenos de marabú, las vaquerías sin vacas para ordeñar, no es el bloqueo el que se beneficia con la deliciosa carne de res que le es prohibida al pueblo. No es el bloqueo, amor, somos nosotros, lo que hemos dicho basta, los que no queremos trabajar más en proyectos que solo benefician al turismo y a las altas elite de este país. Somos nosotros los que estamos cansados de tanta mierda. Te pregunto algo amor. ¿Crees tú que este apagón afecte a los cuellos blancos? No, ellos tienen abundante petróleo para sus plantas eléctricas; sin embargo, mira a su pueblo, mira a esos niños como hacen las tareas en plena calle con una vela porque en el interior de las casas el calor es insoportable, mira a esa señora como duerme a su niña pequeña en el portal mientras la abanica, apartando a los odiosos mosquitos y refrescando su dulce sueño. ¿Consideras tú que muchos de ellos tienen desayuno al amanecer? No, querido, los cubanos de a pie ya no tienen ni esperanzas.

—Digas lo que digas, quien tiene loca y confundida a la gente es el internet —reclamó Ortiz, aunque sin imponerse.

—No, amor. El internet ha revolucionado la lucha, otorgándole al pueblo cubano el derecho a reclamar lo que por temor han callado. Han despertado de un letargo. Tú, que hoy caminas por las sombrías calles de la ciudad y eres testigo de lo que te digo, dime, ¿de qué hablan nuestros hermanos? ¿De lo felices que son? No, amor mío, hablan de lo cansados que están de vivir en este país que desprecian, tal como lo expresan en internet. Al no poder expresarse libremente en las calles, han tomado este nuevo recurso para expresar su dolor —ríe Amalia de forma prudente y continúa —. Al que no quiere caldo, se le dan tres tazas. Ahora dime, amor, ¿qué canciones están escuchando? Responde, tú que estás aquí, junto a mí, caminando por las calles, observando la realidad, ya no puedes hacerte el sordo ni el ciego. Dime, amor, ¿ellos escuchan a Buena Fe? ¿A Arnaldo y su Talismán? No, escuchan "Patria y Vida", esa canción que se ha convertido en un himno de amor, cambio y esperanza. También escuchan la polémica canción contra el presidente cubano, titulada "Diazka", escrita por Aldo, el Aldeano y Silvito, el libre. Ya no les importa si los golpean o arrestan. Esta dictadura no puede tapar el sol con un dedo. ¿Sabes tú cómo llegaron estas censuradas canciones a nosotros? Llegaron a través del internet. Te repito, el internet es una nueva forma de lucha. Por eso digo que Fidel fue el más inteligente de los dictadores que hemos conocido. Siempre nos privó de este beneficio esencial. Él conocía las consecuencias y nos mantuvo marginados. La televisión era restringida, los programas filtrados por ellos decidían qué mostrar o qué ocultar, igual con los programas extranjeros. En las noticias, se hablaba del supuesto enemigo, Estados Unidos, todos los días, resaltando su falta de humanidad, y de los avances invisibles de la Revolución.

Los dirigentes eran altamente controlados; nada se sabía de su vida privada. Hoy todo es diferente, todos conocemos sus privilegios; no pueden ni tirarse un pedo sin que lo sepamos, todo gracias al internet.

Sin darse cuenta, la pareja había llegado a la casa de Amalia. A punto del lobo despedirse, Amalia le preguntó si trabajaba en la mañana.

—No, aunque debo estar alerta. Se está fomentando hoy algo por San Antonio de los baños. No es nada del otro mundo, aun así, hay que estar preparado. Ese es mi trabajo.

—No hablemos más de estas cosas y hablemos de ti y de mí. ¿Por qué no te quedas conmigo hoy?

—¿Me dejarás volver a casa? —preguntó Ortiz excitado, pensando que le habían quitado las restricciones—. ¡Por fin soy libre!

Ella, precavida, lleva sus manos a la boca del alegre joven. Le pide que no grite, que puede despertar a su mamá. Amalia abrió la puerta de la casa con mucho cuidado, y de una forma silenciosa, llegaron al cuarto. Tras cerrar la puerta, la pasión se apoderó de los dos. Las ropas volaron sin dirección; los besos y caricias le hacían burlas al silencio; la ansiedad los dominaba. Hacían el amor con la misma intensidad del primer día. Después de varias horas de pasión, quedaron exhaustos, prometiéndose respeto sin saber que el destino les tenía un nuevo desafío. La noche había sido larga, y el enérgico hombre quedó exhausto, siendo dominados por el sueño hasta el amanecer. Amalia, por su parte, se había despertado. Su responsabilidad no le permitía lujos. Su madre enferma era su prioridad.

La mañana del once de julio transcurría para este joven policía sin novedad. La esposa le había llevado el desayuno a la cama, compartiéndolo, como dos tortolitos recién casados. Uno le daba un bocadillo al otro mientras reían. En eso, sonó el teléfono. Era de la unidad de policía. Ortiz no responde. No quiere que nadie le dañe tan espectacular momento de felicidad.

Insistieron.

Ella hace un gesto de desaire, lo mira y le pide que tome la llamada, sino no los dejarían tranquilos. Con un gesto de inconformidad, Ortiz contesta. Mientras el lobo escuchaba a su superior, Amalia notaba como el color del rostro le cambiaba; parecía un camaleón en momento de peligro. La sangre se le aceleró, solo hacía gestos de negatividad con la cabeza. Amalia, desesperada, preguntó qué sucedía. Él le hizo un gesto con la mano para que se esperara y dijo con voz enérgica: «Como usted ordene, mi capitán». Cuelga el teléfono, mira a la asustada mujer, toma aliento y luego dice:

—Frank es brujo. Comenzó un estallido social. La gente está en las calles.

Con la rapidez que lo caracteriza, se vistió. Tomó a la mujer por los hombros y le pidió que le prometiera que no saldría a la calle; él sabía muy bien como pensaba su esposa.

—No quiero que te pase nada malo. Recuerda que tu mamá solo te tiene a ti en este mundo.

—Está bien —dijo Amalia con voz triste—. Y tú, prométeme, que no vas a hacer nada de lo que te arrepientas por el resto de tu vida.

—Está bien, amor, lo haré. —Frente a la puerta se giró hacia ella—. Amor, se me olvidaba, dile a Marlon que no salga, por favor. Él es muy travieso. Creo que ese chiquillo se ha convertido en alguien importante para mí. Es como mi hermano menor. —Ella asintió con la cabeza.

Capítulo 7

Como un rayo, Ortiz salió a la calle, incrédulo ante lo que veían sus ojos. Las principales avenidas bullían con una multitud compuesta por jóvenes, ancianos y ciudadanos de toda índole, unidos en un clamor de furia y esperanza. Gritos de "¡Abajo la dictadura!", "¡Patria y vida!", "¡Díaz Canel, singao, tenemos hambre!", expresando un hartazgo palpable. Esta vez no era solo un grupo de opositores o las Damas de Blanco quienes protestaban; era el pueblo en su conjunto, mostrando su indignación en las calles. Pronto, la situación escaló cuando la policía intervino, intentando disolver la protesta con la misma táctica de siempre. Pero esta vez, el pueblo no estaba dispuesto a ceder; los golpes de los policías encontraban respuesta inmediata. La gente se defendía con una determinación feroz, mostrando a las fuerzas represoras que ya no tolerarían más abusos. Por primera vez, rompieron la barrera del miedo y se alzaron en esta nueva etapa de su historia.

«Tenemos que irnos, esta gente está endemoniada», dijo un policía retrocediendo, lleno de temor. En ese momento crítico, algo que Ortiz nunca imaginó, y que muchos temían, ocurrió: un disparo resonó como un trueno amenazador. Este recurso, empleado por cobardes ante el temor de perder el control, marcó un punto de inflexión trágico. Tristemente, cobró la vida de la primera víctima de la pacífica protesta, dejando además a varios heridos… La promesa de Ortiz se desvaneció en el aire, dejando paso a una cruda realidad que todos presenciaban. En momentos de desesperación, las dictaduras recurren a la violencia mortal. Esta no era una excepción. La brutalidad de los disparos policiales revelaba su pánico, anulando cualquier atisbo de sensatez y exponiendo sus verdaderas intenciones. La decisión de disparar contra una protesta pacífica no solo mostraba el temor de los represores, sino que también destapaba las oscuras profundidades de un régimen dispuesto a todo para mantener su poder.

La escena se convirtió en un caos total, desatando una furia imparable en el pueblo. Entre las muchas voces que clamaban, una resaltaba con fuerza: "¡Asesinos, asesinos!", gritaba Frank, después de haber socorrido al joven herido. Ante la impotencia de ver a estos esbirros, erróneamente llamados cubanos, disparando contra su gente, Frank recurrió al único poder que le quedaba: el coraje innato de un oprimido. Con determinación, recogió piedras y palos, arrojándolos con todas sus fuerzas contra los aturdidos policías. No temía por su vida; su historia de huelgas de hambre era testimonio de ello, así como el profundo amor que sentía por su pueblo. En ese momento, las palabras del apóstol José Martí en el poema "Abdala" resonaron en su mente: "El amor, madre, a la patria, no es el amor ridículo a la tierra, ni a las yerbas que pisan nuestras plantas; es el odio invencible a quien la oprime, es el rencor eterno a quien nos ataca."

Guiado por Frank, el pueblo, herido y colérico, se abalanzó sobre sus represores sin miedo. Los esbirros, superados por el temor, retrocedían, abandonando sus patrullas. Con palos y piedras, los ciudadanos destrozaron estos vehículos, símbolos arrogantes de opresión, ahora reducidos a escombros en las avenidas caóticas. Este acto simbolizaba su clamor por ser escuchados. Saquearon almacenes y tiendas en un frenesí de desesperación, evidenciando la crisis de hambre que azotaba al país. Las banderas del 26 de julio se consumieron entre las llamas, mientras el mundo observaba, por fin, la cruda realidad de un régimen tiránico oculto por largo tiempo. En una esquina, la bandera cubana ondeaba sobre un carro de patrulla desmantelado, un símbolo de libertad y un hito histórico que sería recordado como "Libertad 11J, el despertar de un pueblo".

Sé que muchos se preguntarán si la destrucción de carros, patrullas y vidrieras no constituye vandalismo. Como narrador de esta historia, les responderé con otra pregunta: si ustedes pasaran gran parte de su vida reclamando de manera pacífica al gobierno por algo que consideran injusto y este gobierno ignora sus súplicas, ¿qué harían ustedes? ¿Cómo debe reaccionar un pueblo ante un régimen que lo ignora de forma deliberada, respondiendo a sus clamores con encarcelamientos, atropellos y un exilio perpetuo? Un gobierno que no escucha las súplicas de su gente porque simplemente no le interesa, un gobierno que solo escucha su propia voz en las reuniones demagógicas y autosuficientes del Partido Comunista de Cuba y su Asamblea Nacional. Una asamblea creada para reforzar el eco de sus propias palabras, distorsionando el verdadero concepto de democracia bajo el designio de Fidel Castro. Si algún lector no está conforme con mi respuesta, yo seré más específico; ya la conozco. Los pueblos sometidos y marginados tienen el legítimo derecho de rebelarse, de alzar su voz contra su opresor. Para ser escuchados, deben ejercer cualquier acción, incluso la violencia, como un recurso muy efectivo. Tal como ha sucedido en muchas naciones que hoy gozan de una verdadera democracia, tales como Estados Unidos, Inglaterra, España, y el más destacado de todos, la Revolución Francesa. Son ejemplos dignos de admiración, donde pueblos hambrientos y fatigados cambiaron el curso de su historia. Vemos que hay un consenso: para ser escuchados, los pueblos deben hacerse sentir y tomar las medidas necesarias para que su voz resuene. En esta fecha histórica, el pueblo cubano decidió que era su momento de ser escuchado.

El grito de libertad resonó en todos los barrios y provincias de Cuba, llenando las calles con multitudes que clamaban sus exigencias. Ese clamor desató una ola de emoción a nivel global, abriendo las puertas a un evento histórico y conmovedor. Los cubanos emigrados en cada rincón del planeta se unieron en una voz. Los artistas, tanto dentro como fuera de la isla, no dudaron en solidarizarse. El exilio cubano inundó la calle Ocho en Miami, y en ciudades a lo largo y ancho de Estados Unidos, la comunidad cubana pidió al gobierno norteamericano una intervención, convencidos de que era la única forma de socorrer al pueblo cubano.

Las redes sociales se vieron abrumadas por la actividad, encabezadas por el influencer cubano residente en Miami, Alexander Otaola. El grito por la libertad retumbaba, sacudiendo los cimientos de una dictadura que se veía frustrada y acorralada. La respuesta del presidente designado, Díaz-Canel, no tardó en llegar. En una transmisión en vivo a través de los canales de televisión, replicó la orden del expresidente Raúl Castro: «La orden de combate está dada, las calles son de los revolucionarios». Con estas palabras, exacerbó la división del pueblo, poniendo en conflicto a hermanos contra hermanos en un país ya desgarrado por años de descontento y lucha.

Todos comprendemos que esta macabra obra de teatro fue orquestada por el dictador Fidel Castro, en sus años de vida, y que sus marionetas seguían atadas a los hilos del titiritero, incapaces de liberarse. En un intento desesperado por silenciar la verdad, el gobierno cortó el fluido eléctrico y la conexión a internet, mutilando así el flujo de noticias. De esta manera, Cuba quedó aislada del resto del mundo, y el mundo, a su vez, quedó ciego a las crueles represalias ejercidas por el gobierno contra un pueblo indefenso.

Los uniformes modernos de la policía, los vehículos blindados y los equipos antimotines, reservados para ocasiones críticas, fueron desplegados en las calles. Esta decisión del gobierno dejó en evidencia su preferencia por invertir en herramientas de represión en lugar de atender las necesidades primarias de sus ciudadanos y niños, un triste testimonio del régimen que priorizaba el mantenimiento de su poder por encima del bienestar de su pueblo.

Cuando el fin justifica los medios, emergen las verdaderas intenciones de un gobierno de doble moral, donde el interés personal se convierte en su única guía. Recurren a la violencia como su método más conocido y eficaz de represión, imponiendo su voluntad a cualquier costo y sofocando cualquier atisbo de democracia que pudiera dar aliento a la libertad de las naciones. Conscientes de la importancia de su imagen ante el mundo, este régimen mezclaba a militares disfrazados de civiles con el conocido contingente Blas Roca, en un intento por mostrar que el pueblo rechazaba a los llamados elementos antisociales.

Simultáneamente, las calles se llenaban de jóvenes del servicio militar armados con palos, forzados a reprimir a sus propios hermanos. Miembros del Partido Comunista de Cuba (PCC) y la Unión de Jóvenes

Comunistas (UJC) eran enviados a las calles, bajo la amenaza de ser juzgados por traición a la patria en caso de desobediencia. El miedo se infiltraba incluso en las filas de estas instituciones gubernamentales.

A pesar de los esfuerzos del régimen por controlar la información, las pocas noticias que se filtraban al mundo exterior, gracias a valientes individuos, pintaban un cuadro escalofriante de la realidad: un pueblo sometido al horror y a la opresión, luchando desesperadamente por su libertad y dignidad.

Capítulo 8

Al llegar a la unidad militar, Ortiz y Ariel fueron asignados a la nueva brigada antimotines. Todos, excepto Ariel, comenzaron a equiparse con los nuevos uniformes, complementos y armas destinadas a la represión. En medio del ajetreo, una voz de mando resonó con firmeza, ordenando al pelotón a ponerse en posición de firmes. En ese momento, la imponente figura de un militar con insignias de coronel llenó el umbral. Su rostro, frío e inexpresivo, proyectaba la imagen de un hombre calculador y con un carácter intransigente. Los subordinados, sorprendidos por su aparición repentina, parecían haberse congelado en el tiempo, inmóviles, como figuras en una procesión espiritual. El silencio que siguió a su entrada era tan profundo que parecía que ni siquiera se atrevían a respirar. Ariel y Ortiz intercambiaron miradas furtivas, conscientes del delicado giro que acababan de tomar los acontecimientos. La entrada del coronel, quien no era otro que el compadre de Ariel y el padre de Ortiz, evidenciaba la gravedad de la situación en la que se encontraban. La presencia de esta figura inesperada en el recinto no solo les sorprendió, sino que también subrayó la seriedad y la magnitud del problema al que ahora se enfrentaban.

El coronel recorrió la sala con una mirada incisiva, inspeccionando a cada uno de sus subordinados. Su atención se detuvo en Ariel y, con una voz impregnada de autoridad, le inquirió sobre su falta de uniforme.

—Permiso para expresar mi opinión, coronel —solicitó Ariel, manteniendo la calma y sin mostrar temor ante la imponente figura.

—¡Hable, rápido, oficial! No es momento para largas charlas, debemos salir a las calles de inmediato— replicó el coronel con firmeza.

Con una serenidad que contrastaba con el ambiente tenso de la habitación, Ariel explicó su postura:

—No porto el uniforme, ni lo haré. No estoy dispuesto a reprimir a un pueblo hambriento y desesperado que solo reclama una vida mejor.

El asombro se apoderó de todos los presentes. Nadie podía creer lo que estaban oyendo. Ortiz, mirando fijamente a su compañero, expresó su desconcierto: «¿Estás loco, Ariel? ¿No te das cuenta de que lo que estás haciendo es traición a la patria?».

Ariel, erguido y con la mirada clavada en el coronel, respondió con una voz firme y un desafío inquebrantable:

—No, Ortiz, no estoy loco. Mi patria es mi pueblo, y mi pueblo está en las calles. Ahí también pudieran estar mi hijo, mi esposa, mis hermanos, quizás hasta Amalia y Marlon. ¿Consideras que soy capaz de golpear a mujeres, niños o cualquier cubano que simplemente ejerce su derecho a reclamar? No, coronel, no, Lobo. Ese "valor" no lo tengo y no lo ejerceré. Hagan conmigo lo que quieran.

El coronel lo miró con fijeza, directo a los ojos. Comenzó a aplaudir, y con actitud displicente, le rugió en la cara:

—Bravo, bravo… ¡Tenemos aquí a un héroe! ¿Sabes bien que la insubordinación en momentos de guerra es considerada como traición, y la traición se paga con la vida, como bien te ha dicho el oficial Ortiz?

—Disculpe usted, coronel, no sabía que estábamos en guerra —respondió Ariel, mientras dejaba escapar una sonrisa, y prosiguió—. Nos invadieron los marcianos; esos marcianos que están en las calles, ¿tienen armas? No, coronel. Es el pueblo indefenso y desesperado. No se mienta así mismo.

—Estos actos que están ocurriendo no vienen del pueblo —grita el enfadado coronel—Todos sabemos que es una provocación del imperio. Si nosotros nos hacemos los blanditos, ellos provocarán una intervención como la de Girón.

—¡Qué manía tiene este gobierno de echarle la culpa al imperio por todo! —exclamó Ariel—. No es el imperio el que manda a sus hijos a las escuelas sin desayuno, ni están durmiendo en las calles producto a los apagones. No es el imperio el que tiene a este pueblo subyugado y oprimido. Yo no observo imperialistas en las calles gritando, lleno de indignación y rabia: es el pueblo, coronel. Y todos sabemos el porqué, aunque nos hagamos de la vista gorda. Mientras ellos sufren carencias, usted vive como un rey, y no me diga que no sabes de qué hablo.

—Cállate la boca —grita el coronel, mientras le propina un duro golpe. Ariel cayó al suelo, pero como un rayo se levantó, se limpió la sangre que brotaba de la boca.

—Golpéame otra vez —le dijo Ariel con serenidad al coronel—, eso es lo único que saben hacer ustedes: callar con violencia la voz de la razón, pero yo, coronel, puedo vivir en paz con mi conciencia, usted no podrá vivir en paz, jamás. Su conciencia, tarde o temprano, castigará sus actos; la injusticia será su verdugo.

—Quién va a ser castigado eres tú, por traidor —responde el coronel—. ¡Llévenselo! ¡No quiero ver más esta basura en mi presencia!

Ariel es trasladado por dos policías. Justo antes de salir de la habitación, grita con todas sus fuerzas: «Lobo, llegó tu ansiada oportunidad. Es hora de que el lobo comience a cazar»; así gritando fue llevado entre los pasillos del lugar.

El escuadrón antimotines, dispuesto y listo para su misión, partió hacia las calles convertidas en una manada de lobos hambrientos. Sin embargo, en medio de esa ferocidad, Ortiz parecía ser la excepción; algo más profundo tocaba las fibras de su ser. A diferencia de sus compañeros, que arrastraban y golpeaban sin piedad a los manifestantes, Ortiz se movía entre la multitud sin hacer daño. Con gentileza, ayudaba a levantarse a los caídos, rogándoles que regresaran a casa. Los disparos resonaban en su mente, atormentándolo, mientras conversaba consigo mismo, esperando no encontrar a Marlon entre los disturbios y confiando en que Amalia se mantuviera a salvo en casa.

A pesar de la agresividad de sus camaradas, el pueblo se mantenía firme en las calles. En un giro inesperado del destino, Ortiz se encontró frente a frente con Frank, ambos como fieras heridas y conscientes de que era el momento de resolver viejas rencillas. Sin embargo, algo detuvo el ímpetu de los dos gladiadores;

entre las llamas y el humo de los vehículos patrulleros incendiados, apareció Amalia, vestida de blanco y arrastrando con mucha dificultad a Marlon, que una bala perdida lo había alcanzado, y ella, desesperada, buscaba ayuda entre el caos.

«Esto no puede estar sucediendo, ella me lo prometió», se decía cuando corría a auxiliarla.

La tensión entre Ortiz y Frank se disolvió al instante ante el desgarrador escenario. Ortiz, reflejando un dolor inmenso en su rostro, corrió hacia Amalia, mientras Frank lo seguía de cerca. Al llegar, Ortiz tomó a Marlon en brazos y lo llevó a un lugar seguro. Conocedor de técnicas de supervivencia, rasgó con su bayoneta el vestido ensangrentado de la esposa para hacer un vendaje improvisado y frenar la hemorragia.

—La bala no ha salido. Tenemos que llevarlo urgente a un hospital. Esto que le hice es momentáneo.

Marlon recuperó la consciencia, miró a Ortiz y, con voz débil, expresó su disposición a sacrificar su vida si eso significaba ser escuchado por un gobierno sordo a los clamores de su pueblo.

—Ortiz, no tengo miedo de morir, si mi muerte es el precio que tengo que pagar para que este sordo gobierno nos escuche, entonces estoy dispuesto a pagar ese precio. Quiero un mundo mejor para mi mamá y mis hermanitos. Al morir tomaré el camino más fácil porque me uniré con papá.

—Morirte, ¿qué dices? Tú vas a estar bien. Eres mi inspiración, Marlon; tú me enseñaste el verdadero significado de la bondad. Por favor, ahorra tus fuerzas —respondió Ortiz entre lágrimas, mientras se esforzaba por estabilizar al muchacho y prepararlo para el traslado urgente al hospital. En ese momento de crisis y desesperación, las viejas diferencias entre Ortiz y Frank parecían desvanecerse, unidos por la trágica realidad que enfrentaban.

Frank lo mira fijo mientras se secaba las lágrimas. Luego, con una pasión salida del dolor y la impotencia, le gritó:

—Nunca te daría una orden y lo sabes. Amalia y tú sobrepasan todas las fronteras del respeto y el amor, pero Dios me trajo aquí por un propósito: exigirte que no mueras. Hoy te ordeno vivir, te ordeno seguir siendo ese guerrero que siempre has sido, te ordeno vivir, ¡coño! ¡Te prohíbo morir!

La triste escena demostraba el gran amor y respeto que todos sentían por Marlon. Buscaban, desorientados, un transporte para trasladar al moribundo joven. Entre tanta confusión, Frank ve una carretilla con caballo que apareció de la nada y Ortiz lo levanta en brazos y lo pone sobre esta. Le pide a Amalia que lo lleve al hospital.

—¿Y tú que vas a hacer? —preguntó la desconcertada mujer.

—¡No hay tiempo que perder! Yo me quedo con Frank, tengo algo que resolver.

Marlon toma un poco de fuerza y le hace un gesto a Ortiz para que se acerque, y le dijo:

—Me prometiste que esto nunca pasaría. ¡Me lo prometiste! Y ya vez, fui yo precisamente el ejemplo de que esta gente no tiene escrúpulos —le dijo con mucho esfuerzo por la tos, que apenas lo dejaba hablar—. ¿Recuerdas lo que te dijimos? Las dictaduras matan cuando se ven perdidas, ellos harán lo que tengan que hacer para conseguir el control, por favor, no seas como ellos, tú eres del pueblo, cuida a Frank.

—No te preocupes, hermano, no hables, guarda energía. Tú eres fuerte. Tienes que descansar, has perdido mucha sangre, verás que todo va a salir bien. Sabes que tú y Amalia son la luz de mis ojos, los amo mucho —le dijo Ortiz con lágrimas—. ¡Vamos, vamos! ¿Qué esperan muchachos? A este campeón no le puede pasar nada.

Le dio una fuerte nalgada al caballo. La carretilla se marchó con rapidez, quedando Frank y Ortiz, frente a frente. Se miraron uno al otro con recelos. El silencio se apoderó de ambos. En este precisó instante no había nadie que los pudiera separar como en situaciones anteriores. Había llegado el momento de enfrentar todos los resabios del pasado. Frank tomó la iniciativa y le dijo:

—¿Y ahora qué, compa, nos rascamos un poco? Así acabamos con la picazón que nos carcome desde hace años.

—Claro que sí, compa. Hoy voy a sacarme de adentro algo que me está quemando. Solo que esta vez no será contigo.

De pronto, Ortiz se giró hacia la multitud y, con un grito de "¡Patria y Vida!", se lanzó contra el escuadrón antimotines. El enfrentamiento con los guardias fue inminente, arrancándoles las armas y defendiendo a los manifestantes con una ferocidad inesperada. Los guardias, por un momento, quedaron petrificados, incapaces de procesar que el hijo del coronel se había rebelado contra ellos, mientras les acusaba de ser abusadores y asesinos. «¡Enfréntense a mí, que estoy a su altura!», clamaba Ortiz, fuera de sí.

Nadie podía creer lo que veían sus ojos: el hijo del coronel desafiando abiertamente al régimen. Solo Frank, observando desde la distancia, entendía la magnitud de lo que estaba sucediendo. Ortiz había roto las cadenas que lo unían a la dictadura. En él, renacía el ardiente deseo de luchar por los más oprimidos, alzar la voz por aquellos silenciados, defender a los indefensos y batallar por la ansiada libertad. Su transformación era la chispa que encendía una nueva esperanza en el corazón de los manifestantes.

Frank sonrió y, lleno de orgullo, gritó: «¡Así se hace hermano, así se hace!». Y al ritmo de la canción Patria y

Vida, como un himno de combate, en su mente, se abalanzó sobre los guardias: «¡Se acabó!/ Tú, un cinco nueve/ Yo, doble dos/ ¡Ya se acabó!/ Sesenta años trancado el dominó, mira./Somos artistas, somos sensibilidad./ La historia verdadera, no la mal contada./ Somos la dignidad de un pueblo entero pisoteada/ A punta de pistola y de palabras que aún son nada/ No más mentiras, mi pueblo pide Libertad, no más doctrinas/ Ya no gritamos Patria o Muerte sino Patria y Vida/ Y empezamos a construir lo que soñamos, / lo que destruyeron con sus manos/ Que no siga corriendo la sangre por querer pensar diferente, / ¿Quién le dijo que Cuba es de ustedes, si mi Cuba es de toda mi gente?[9]»

Frank y Ortiz se unieron en un solo espíritu de lucha. Los rencores del pasado se disolvieron, dando paso a un futuro por construir juntos. La formidable fuerza y entrenamiento de estos dos hombres los convertían en una presencia imparable en la batalla. Con destreza y determinación, desarmaban a los guardias y liberaban a los manifestantes atrapados. La confusión se apoderaba de los policías, incapaces de

---

[9] Canción Patria y Vida de Yotuel Romero y Beatriz Luengo, entre otros autores.

comprender cómo Ortiz, el lobo, estaba ahora del lado del pueblo.

El asombro de los policías duró poco. Un guardia, recuperando la compostura, acusó a Ortiz de traición y ordenó acabar con él. De inmediato, los guardias y las brigadas de respuesta rápida se lanzaron sobre Frank y Ortiz con la ferocidad de hienas en manada. La batalla fue feroz, pero la superioridad numérica de los atacantes era abrumadora. La resistencia de los dos amigos fue admirable, pero poco a poco se vieron superados.

A medida que caía la noche, la resistencia del pueblo comenzó a disminuir. Los heridos caían uno tras otro, y los líderes de la oposición eran sistemáticamente encarcelados. Frank, golpeado y exhausto, observó con horror cómo su amigo era sometido de manera brutal. Desde el suelo, gritaba a Ortiz, instándolo a resistir, pero los golpes no cesaban. Los palos y las botas se abatían sobre él con incesante furia.

Ortiz, reducido a una posición fetal en busca de algún resguardo, ya no ofrecía resistencia. Miró a Frank, y una lágrima solitaria se deslizó por su rostro. Habían neutralizado al lobo Ortiz. Frank, entre gritos de dolor y rabia, clamaba a los atacantes: "¡Asesinos! ¡Abusadores! ¡Queremos libertad!". El trágico desenlace de aquel día quedó marcado en la memoria de todos los testigos. La brutal represión había sofocado las voces de libertad, pero el grito por la justicia seguía resonando en cada rincón de Cuba.

Tras ser esposado, Ortiz fue llevado por sus captores, marcando así el fin de su carrera policial y el comienzo de su misión como protector del pueblo. Una tarea ardua, que sería recordada y agradecida en la historia. Ambos, Ortiz y Frank, fueron conducidos como animales. Separados, Ortiz no podía ver a Frank, pero le gritaba con determinación que no se rindiera, que esto era solo el principio, que el volcán acababa de despertar y el pueblo comenzaba a exigir justicia.

Frank, aunque aturdido y con dificultades para respirar, reunió fuerzas y gritó con toda su energía: "¡Viva el Movimiento San Isidro! ¡Vivan las Damas de Blanco! ¡Patria y Vida! ¡Libertad!"

Las cárceles estaban desbordadas, incapaces de albergar a tantos detenidos. En los calabozos diseñados para diez, hacinaban a treinta personas, y muchos otros eran llevados a viejos almacenes, evidenciando la magnitud del levantamiento.

A pesar de la brutal represión, la resistencia continuaba en las calles, con artistas y ciudadanos reclamando justicia. Una foto de Kendal, un joven influencer cubano maltratado por el régimen, se viralizó en redes sociales, mostrando al mundo el verdadero rostro de la dictadura. Sin internet, sin electricidad y bajo un impuesto toque de queda, el país quedó sumido en un estado de miedo y represión. El gobierno inició una purga implacable, arrancando a sospechosos de sus hogares sin distinción de edad o género, separando a familias y encarcelando a líderes de la oposición sin derecho a defensa.

Pero el clamor por la libertad no cesaba. Artistas de Cuba y del mundo alzaron su voz, condenando los abusos y exigiendo justicia. En Miami y en ciudades de Estados Unidos donde residían cubanos, la movilización no se detenía. La comunidad cubana en el exilio, preparada y dispuesta a intervenir, esperaba ansiosamente el momento de actuar. Apoyar a sus compatriotas en la isla se había convertido en una misión crucial, dispuestos a sacrificarlo todo por la libertad tan anhelada, cruzando la frontera entre el sueño y la realidad.

Capítulo 9

El anhelo no siempre conduce a la realización, especialmente en los complejos entramados de la política internacional. Esta verdad se evidenció cuando el gobierno estadounidense, desoyendo los clamores de auxilio hacia los cubanos, aseveró que era tarea de los mismos habitantes de la isla forjar su futuro. Firme en su postura, Estados Unidos restringió las iniciativas de los cubanoamericanos de zarpar hacia Cuba, vedando el acceso a sus aguas internacionales para evitar cualquier provocación futura. En una ostensible demostración de poder, los navíos de guerra estadounidenses establecieron límites, escoltando y creando un espectáculo mediático, mientras se observaba la represión y vejación de los cubanos por parte de sus opresores.

Sin embargo, en toda adversidad se halla una semilla de triunfo. Las declaraciones del senador demócrata Bob Menéndez iluminaron una verdad ante el mundo: Estados Unidos nunca aspiró a ser el enemigo de Cuba, ni albergó deseos de invasión. Así, se desmintió la narrativa de enemistad perpetua, una fábula tejida por Fidel Castro, inspirada quizás en las maquinaciones de Maquiavelo, para unir al pueblo cubano contra un adversario ilusorio. Esta estrategia de unidad frente a un enemigo común desvió la atención de los verdaderos problemas internos.

La negativa estadounidense a invadir Cuba desveló las verdaderas intenciones de su líder o dictador. El pueblo cubano no se defendía de una "amenaza añeja", sino que, sin saberlo, protegía su propia subyugación. Las dictaduras, como manifestaciones modernas de esclavitud, oprimen a las masas bajo el disfraz de igualdad. El comunismo, vendido como un paradigma de equidad, es en realidad un sistema asfixiante e injusto.

El gobierno de Castro, con su habilidad para manipular y aprovecharse de las circunstancias, demostró su destreza en el arte de la opresión.

El 11 de julio se convirtió en un momento crucial, revelando ante el mundo la dura realidad de Cuba. La ilusión de una nación democrática se desvaneció, y las imágenes difundidas superaron las expectativas más sombrías. El gobierno cubano, percibido por algunos como pacífico, mostró su verdadera naturaleza autoritaria. Los ciudadanos descontentos, hambrientos y marginados se encontraron perseguidos. Una vez más, la voz del pueblo fue sofocada bajo el peso de la represión. El temor se adueñó de las calles, mientras la maldición de la dictadura en Cuba emergía con toda su intensidad, mostrando su más cruda y desoladora faceta.

Marlon no era la excepción. Después de la operación y prisionero en un hospital, el joven guerrero estaba listo para recibir visitas. Sin mucha premura, la enfermera dio la noticia a los que esperaban tal acontecimiento. El angustiado rostro de la madre y sus hermanitos se reflejaba a flor de piel. Perderlo sería el acontecimiento más doloroso en sus vidas. Amalia no se quedaba atrás; el temblor de las manos demostraba la enorme ansiedad que sentía en ese preciso momento: su amado estaba preso, su gran amigo también. De seguro, ella y Marlon serían entrevistados por la Seguridad del Estado. El duro momento estaba por llegar y ella se estaba preparando para enfrentar su realidad agobiada por la incertidumbre. El momento era digno de un drama hollywoodense.

La madre y los hermanos abrazaban a Marlon, sin dejar de llorar. Luego de un instante, Marlon le tendió la mano a Amalia y, entre lágrimas, preguntó por sus hermanos de lucha. «Firmes, tus hermanos están firmes», respondió Amalia. Un extraño los acompañaba en el recinto y ella lo miraba de hito en hito.

—¿Y Ortiz? —preguntó Marlon con preocupación evidente.

—Está donde tiene que estar, donde están los hombres de dignidad, los que sueñan con un futuro mejor. Él está preso.

—¿Preso? —preguntó Marlon, mientras su rostro reflejaba un asombro total.

—Sí, preso —prosiguió Amalia—. Se cansó de ser un policía abusivo convirtiéndose en un policía protector del pueblo.

—¡Bravo! —reaccionó Marlon.

—Se equivoca, amiga mía —se escuchó la voz autoritaria del intruso—. Se perdió a un gran revolucionario y un buen policía.

—Yo no soy su amiga. ¿Quién es usted? —preguntó la desafiante mujer. Se hizo un silencio momentáneo en el lugar.

—Yo, el capitán Carlos Provenza, asignado al caso de Marlon y al suyo, por la Seguridad del Estado. Es decir, nosotros tres tenemos mucho de qué conversar a partir de este momento.

—Oh, ¡qué inmenso placer me da su visita! —dijo Amalia en forma irónica—. ¿Para qué conversar, si usted lo sabe todo ya?

—Mi misión es preventiva. Sabemos, Amalia, que procede de padres altamente confiables para la Revolución. La revolución quiere sumar, no restar ciudadanos a nuestra hermosa causa; por lo tanto, vengo a hacerle una propuesta a los dos, ya que tenemos evidencias claras de su participación en los disturbios del 11 de julio. Nos gustaría que se apartaran de esos grupúsculos contrarrevolucionarios. Eso no les conviene; solo les traerá problema y muchos sufrimientos a sus familiares. Lo que les quiero decir es, o cogen el camino que verdaderamente deben coger o absténganse a las consecuencias. Mi mejor sugerencia es que colaboren con nosotros.

Amalia miró al oficial y con vos enérgica le dijo:

—Si no fuera por lo triste de la situación, me reiría a carcajadas en su cara. Yo escogí mi camino, hace rato; traicionar a los míos, ¡jamás! Hagan lo que quieran. Escúcheme bien, podrán destruir mi cuerpo, mi carne, pero mi voluntad, nunca.

Al escuchar todo esto, la madre de Marlon saltó, llena de desesperación y, entre lágrimas, dijo:

—Hijo mío, el señor tiene razón. ¿Qué ganamos nosotros en todo esto? Si te hubieran matado, en esa estúpida revuelta, hijo mío, ¿qué habría pasado con nosotros? ¿Cómo podríamos sobrevivir sin ti? Escucha al señor. Hazlo por mí y tus hermanitos. Te lo pido, por favor.

Marlon se detuvo en los ojos de su madre; ojos llenos de amor y dolor. Le acarició el cabello con suavidad y con inmensa ternura le dijo:

—Ay, madre mía, por ustedes es que alcé mi voz contra este injusto gobierno. Lo siento, madre, la realidad es que la suerte está echada. Si nosotros los de a pie, los necesitados, los marginados, no protestamos en las calles, nadie lo hará. Queremos una vida diferente, madre. Si no la luchamos nosotros mismos, nadie nos la dará. Es triste ver a las altas esferas sociales, los cuellos blancos y los VIP gozando de lo lindo, mientras nosotros morimos de hambre o pena. Sí, porque es pena lo que damos. —Marlon tomó las manos de su progenitora y luego acarició el rostro, bañado en lágrimas—. Madre, para que tú y mis hermanos vivan un poco mejor, digo, sobrevivan, yo tendré que arreglármelas en las calles, en las duras calles como hasta ahora. ¿Y sabes, mamá, cuál será mi cruel final? El mismo que me va a tocar ahora, preso, porque lo que hago en las calles diariamente es ilegal, y ustedes tendrán que sobrevivir sin mí. Esa es la realidad que nos ha tocado vivir. Mamá, nadie en este país vive de su honradez. Todo el mundo lo sabe.

Ustedes se quedarán sin mí, tarde o temprano. Por eso, yo prefiero luchar.

—Eso es hablar con el corazón, hermano. Tienes todo mi apoyo—exclamó uno de los hermanos de Marlon, quien había seguido la conversación con gran interés. Conmovido, secó sus lágrimas y, tomando las manos de Marlon, le expresó su orgullo y apoyo incondicional—. Siempre creí que nuestro padre era mi único héroe. Hoy me he dado cuenta de que tengo otro —dijo, arrancando risas y aliviando, aunque fuera brevemente, la tensión del ambiente. Con una mezcla de admiración y determinación, añadió—: Hoy he descubierto a un nuevo héroe, y eres tú. Gracias por existir, hermano. Tengo once años y te prometo que seguiré tus pasos. Mañana me uniré a la lucha en las calles, como tú lo hacías. Mamá no está sola; ella crio a hombres valientes, dispuestos a luchar por ella.

Todos lo escuchaban en silencio, absortos en sus palabras. Incluso el oficial de la Seguridad del Estado presente se mostró impresionado por tanta valentía. El silencio se convirtió en el testigo mudo de esta conmovedora escena de amor y coraje. La madre, observando a sus hijos, no pudo evitar esbozar una sonrisa de orgullo. Acarició al joven y lo abrazó fuertemente, expresando su gratitud: «Dios no me ha dado una vida fácil o llena de riquezas, pero me ha bendecido con el amor del mejor hombre del mundo, cuyo legado perdura en los hijos más maravillosos que podría desear. Gracias por ser quienes son. Ya no tengo miedo».

Marlon, con visible esfuerzo, intentó levantarse, fue en vano. El dolor de su intento se reflejó en su rostro. Tomó una profunda respiración, y con una sonrisa de admiración hacia el joven defensor de la familia, unió las manos de su madre y su hermano. Con un gesto amable y acogedor, extendió la invitación a Amalia para que se uniera a ese círculo de unidad y apoyo. Ella, sin dudarlo, se sumó, entrelazando las manos en un símbolo de solidaridad y fuerza. Luego, enfrentando al agente con una mirada desafiante y una voz que, aunque adolorida, resonaba con firmeza, expresó su gratitud:

—Gracias, madre, por tu inquebrantable presencia; gracias, hermanos, por ser la luz que guía mi mirada; gracias, padre, por moldearme en el hombre que soy hoy; gracias a mi Dios y a mi hada madrina, Amalia. Sin ustedes, no estaría aquí, transformándome en un hombre lleno de dignidad y honor. Papá, tu inspiración es la fuerza que me impulsa a seguir adelante. Gracias a Frank por marcarme el camino hacia la libertad. Esto me permite enfrentar a estos opresores y proclamar con convicción que, aunque puedan herir mi cuerpo, jamás quebrarán mi voluntad, tal como dijo Amalia.

El corazón de Marlon latía con intensidad, aumentando su ritmo conforme avanzaba en su apasionado discurso. Haciendo una breve pausa, tomó aire, reuniendo así, el último vestigio de energía que le quedaba. Luego, con una voz llena de vigor, exclamó: "¡Abajo la dictadura!", "¡Díaz Canel, queremos libertad!". Sus palabras resonaron en la habitación con la fuerza de campanas de libertad, vibrando en las paredes del reducido espacio. El histórico grito de Yara, aquel llamado a la independencia proclamado por Carlos Manuel de Céspedes en 1869 volvía a hacerse oír en la voz de un cubano.

La reacción fue inmediata. Las palabras de Marlon se replicaron en un eco unánime entre sus familiares, propagándose como un rayo por todos los rincones del hospital. En un instante, pacientes, enfermeras y doctores se unieron a ese clamor por la libertad. Esta inesperada ola de desafío sorprendió y asustó al agente, quien, consumido por la ira, llamó con prontitud a sus superiores pidiendo refuerzos. Luego, como impulsado por un instinto feral, se lanzó sobre Marlon, tomándolo del cuello con una amenaza temible: si no cesaba esa "payasada", su madre sería encarcelada.

Conocedor de los efectos de sus chantajes, el agente logró su cometido. Marlon, viendo a su madre y sintiéndose impotente ante este vergonzoso ultimátum, se detuvo. Amalia, comprendiendo la gravedad del momento, le indicó con una señal que debía cesar. El agente, satisfecho con su victoria, sonrió con arrogancia. Marlon, sin pronunciar palabra, se sumió en el silencio. Lentamente, recostó su cuerpo dolorido en la cama, quedando inmóvil. Una lágrima solitaria y cargada de impotencia rodó por su mejilla.

En el hospital la calma volvió solo cuando se llenó de policías. Nadie pronunciaba una palabra, el terror se palpaba en los pasillos y solo resonaba el eco de las botas militares. El arrogante, oficial, increpó a Marlon con desdén, advirtiéndole que, si no cooperaba, era su problema, y que su actitud desafiante solo le traería adversidad en la cárcel. Luego, dirigiéndose a Amalia con prepotencia, le exigió que lo acompañara para hablar con su madre, insinuando que su actitud desafiante no se sostendría ante ella. Afirmó que todos conocían la procedencia de Amalia, y cuestionó cómo una mujer tan patriota como su madre podría tener una hija como ella.

Amalia, manteniendo su dignidad y representando fielmente al movimiento San Isidro, respondió desafiante, alzando sus manos y pidiendo ser esposada. El agente cumplió, iniciando así una nueva etapa para ella, llena de insultos y empujones. Este acto marcó el inicio de una purga donde todos los líderes fueron encarcelados. El miedo se apoderó de las calles, silenciando la voz popular. Solo los medios internacionales reportaban estos atropellos. Las estaciones policiales estaban abarrotadas, y los calabozos, saturados, reflejando así la magnitud de los sucesos.

En medio del creciente clima de terror policial que dominaba las calles, Fran y Ortiz lidiaban con las secuelas de una brutal paliza en manos de los esbirros, confinados en un calabozo. A pesar de la grave situación en la que se encontraban, marcada por la incertidumbre sobre el paradero de Amalia y Marlon y su aislamiento, Ortiz encontró un motivo para sonreír. Esa tenue sonrisa, sin embargo, le causó un dolor físico adicional debido a los golpes sufridos. Con una voz cargada de ironía, a pesar de su estado, Ortiz logró dirigirse a Frank.

—Esto sí está bueno, el lobo ha sido cazado. ¿Quién diría, Frank, que tú y yo estaríamos, juntos aquí, procesados por el mismo delito?

—No digas eso, Lobo —le dice Frank—. Solo eres una víctima más de este abusivo gobierno. Por una parte, yo me siento triste porque has perdido tu libertad. Me siento responsable por ello. Por la otra, me da mucha satisfacción que un policía como tú se ponga de parte del pueblo oprimido. Si todos los cubanos nos unimos en una misma dirección e hiciéramos lo mismos que hiciste tú y nos sacrificáramos por nuestro pueblo, te aseguro que esta dictadura hubiera llegado a su final hace muchos años.

—¿Qué he perdido mi libertad? —exclamó Ortiz—. No hermano, yo hoy soy más libre que nunca y eso se lo debo a ustedes. Hoy puedo gritar lo que quiera, aunque estos guardias abusadores me golpeen, siempre diré mi sentir. Además, te confesaré algo. Desde que empecé a involucrarme con ustedes y conocí los fundamentos del movimiento San Isidro, las extendidas charlas, debates y conflictos con Marlon y Amalia, en mi afán de cumplir con mi deber, yo empecé a ser libre, porque aprendí a pensar por mí, no por lo que ellos quieren que yo piense. Gracias por enseñarme el camino.

—No, hermano, gracias a ti, por convertirte en esa voz que tanto necesita el pueblo. —Frank quedó callado por unos minutos; había surgido en él una inmensa duda—. Hermano, ¿Qué habrá sucedido con Marlon? Me asusta que no haya sobrevivido. Han pasado días y no sabemos nada. Esta incomunicación me enloquece.

—Gracias a Dios está fuera de peligro —respondió Ortiz—. Me lo contó alguien de aquí dentro, que piensa como nosotros, cuando me llevaron a interrogarme. Ellos tienen miedo de expresar lo que sienten; por eso se mantienen en las sombras.

—Menos mal —suspiró Frank aliviado.

La interacción entre los dos jóvenes se desarrollaba en un modo cordial y amistoso. La adversidad de su situación actual había servido para unirlos, dejando atrás cualquier diferencia o rencilla pasada. Este vínculo recién forjado parecía indicar el renacimiento de su amistad. ¿Sería esta conexión impenetrable y duradera? Solo el tiempo tendría la respuesta.

Por otra parte, Amalia llegaba a su casa con el agente de la seguridad del estado, después escuchar insultos y amenazas, al fin encontraría paz, así tendría la oportunidad de despedirse de su madre. Al bajarse del carro de patrulla, con rapidez, el agente tocó a la puerta, mientras amenazaba a la joven así:

—Ya veremos con qué cara miras a tu madre. Ella es una revolucionaria de pies a cabeza, lo demostró en el pasado y estoy seguro de que ahora lo hará igual.

La puerta se abrió despacio, dejando ver a esta hermosa viejecilla desgastada por el paso del tiempo y las enfermedades y muy angustiada por la ausencia de su hija y yerno. Sin embargo, no hubo sorpresa de su parte, ya había sido informada por la mamá de Marlon de lo que estaba aconteciendo. Luego de abrazar a la hija, miró al oficial.

—¡Qué gran privilegio de gozar de la presencia del agente Carlos, buen amigo y gran revolucionario! Además, cuento con el placer de que usted acompañe a mi hija en estos momentos tan convulsos —pronunció la viejecilla con voz suave.

—Sí, señora, he venido a darle las quejas del comportamiento de su hija.

—Pero no se queden parados, pasen y siéntense, están en su casa. Además, puedo ver con claridad que las cosas son serias.

—No tanto, nada que no se pueda arreglar —comentaba el agente mientras seguía a la anciana, ocupando una silla en la sala del hogar.

La anciana rompió el silencio:

—Me dijiste, Carlos, que vienes a darme una queja de mi hija. Por lo que puedo observar, debe ser bastante preocupante cuando la niña está esposada.

—Sí, el problema es que ella es una integrante de un movimiento contrarrevolucionario que ha salido a protestar a las calles y eso no está bien. Le está haciendo daño a nuestra revolución y usted y yo estamos conscientes de que eso no se puede tolerar.

La anciana se quedó pensativa un instante, luego miró seriamente a la hija y le preguntó:

—Dime, hija mía, ¿cómo sigue Marlon? Todos en el barrio estamos preocupados por la vida de ese niño, las noticias vuelan. Después que me respondas eso, me respondes si es cierto lo que dice el agente Carlos.

—Bueno, mamá —respondió Amalia, sin titubear —. Marlon está estable, gracias a Dios, fuera de peligro. Por la otra parte, el señor tiene razón. Salí a las calles a decir lo que pienso porque soy libre y dueña de mis actos.

—¿Crees tú, niña malcriada, que lo que hiciste en las calles está bien? —preguntó con voz recia la anciana.

—Sí, creo que está bien lo que hice, mamá —respondió Amalia con suave voz, demostrando el respeto que sentía por esa impresionante mujer.

La anciana respiró profundo y luego, con una voz imponente, pero suave a la vez, volvió a preguntar:

—¿Lo volverías a hacer, aunque yo te lo prohíba?

—Sí, mamá, lo volvería a hacer, aunque me cueste la vida.

—Creo que la carreta va delante de los bueyes —agregó entre dientes el agente Carlos.

—¡Silencio, por favor! Déjeme conversar con mi hija, después le pido su humilde opinión —dijo la anciana, mirando fijamente a Carlos—. Eso quiere decir que a partir de hoy has escogido tu camino, a partir de hoy tienes tu propia identidad —prosiguió la anciana.

—Sí, madre.

—Bueno, bueno —continuó la anciana—. Carlos, me conoces y sabes cuál es mi postura por esta revolución, y quiero darle mi opinión, con respecto a lo que está ocurriendo. Cuando ustedes llegaron, yo estaba hablando con mi hija, la que vive afuera. Usted sabe bien de lo que hablo. Es decir, en esta conversación estamos los cuatro. En esta conversación voy a aclarar una vez más mi postura revolucionaria, ya que estoy enferma y me quedan poco tiempo de vida. ¿Me permite usted alzar el teléfono para que mi otra hija escuche por última vez mis palabras?

—Sí, señora, está en su derecho —respondió Carlos.

—Gracias, Carlos, es muy amable.

La anciana tomó el teléfono y, con la paciencia que se le caracteriza, anunció a Clarita:

—Hija mía —dijo con firmeza—, la historia una vez más se repite. Tu hermana ha tomado el camino de la insurrección o indisciplina social, como la conocemos, como una vez lo tomaste tú.

—Pero, mamá —exclamó Clarita con suave voz.

—Hija mía, déjame hablar, por favor, despúes tú das tu opinión. El agente de la seguridad, Carlos, sabe mi trayectoria revolucionaria, ya que hemos tenido el placer de trabajar juntos en uno que otro caso de indisciplina social. Hoy alzo mi voz para decirle que lo que una vez ocurrió no volverá a suceder jamás, porque jamás me pondré en contra de mis hijas. Porque a partir de hoy estoy a favor de su lucha, porque a partir de hoy me sumo a los reclamos de este pueblo, que está cansado de tantas miserias.

Las palabras de la anciana impactaron fuertemente en el agente Carlos, puesto que él no se esperaba tal reacción.

—Entonces, ¿quiere decir que usted está orgullosa de que vaya a la prisión? ¿Está orgullosa de que esta chiquilla tire su vida por la borda? —preguntó Carlos enfurecido.

—Sí, estoy orgullosa de tener hijas guerreras. Estoy orgullosa de que ellas no se dejen engañar como esta estúpida vieja se dejó engañar.

—Entonces, olvídese de su hija, no la verá jamás —insistió el enojado agente.

—No importa que mis ojos no puedan ver lo que mi alma siente con orgullo —replicó la anciana.

Al escuchar esas palabras, las dos orgullosas hijas comenzaron a llorar. La madre caminó hacia Amalia, la tomó por las manos y dijo:

—Empínate, no te quiero ver llorar, eres una mambisa. Prefiero verte muerta mil veces antes que deshonres tu lucha.

—Entonces, aquí no hay más que decir —dijo el enfurecido agente mientras agarraba bruscamente a la joven—. Despídete de tu mamá, no la vas a ver más.

Amalia buscó las manos de su amada madre, luego le dio un largo beso y la abrazó, acariciando la arrugada piel.

—No te preocupes, madre —dijo la joven entusiasmada—. Tú estarás siempre orgullosa de mí, como lo estás de mi hermana. Sé que te dejo en buenas manos. La mamá de Marlon y mi hermana cuidarán bien de ti. Ya hablé con ella en el hospital y todo quedó arreglado. Ella y los niños vendrán para acá, mientras los cubanos nos unimos, el gobierno, por el contrario, quiere dividirnos, desean separar familias con injustas sanciones.

Amalia camina, erguida, porque las palabras de su madre le dieron las fuerzas necesarias para seguir adelante, no le importaban los empujones de su captor.

Contaba con la bendición de ella. Emocionada, gritaba a todo pulmón, el poema de Bonifacio Byrne:

Si deshecha en menudos pedazos

llega a ser mi bandera algún día...

¡nuestros muertos alzando los brazos

la sabrán defender todavía!

Desapareció por la puerta del hogar. La anciana secó sus lágrimas, miró el teléfono y dijo con suave voz: «Ya puedo morir en paz».

La exaltada Clarita le respondió

—Eres fuerte mamá, y yo estoy aquí para apoyarte.

—No, hija. Tengo que sacar mucha fuerza porque mi lucha comienza ahora; tengo que salir en defensa de todos los héroes que dieron el paso al frente. Han marcado el 11 de julio como el día nacional de la protesta y reclamo social.

El implacable avance del tiempo marcaba los días en el calendario, desvaneciendo gradualmente las esperanzas de aquellos injustamente condenados. Sentenciados a largas penas de prisión basadas en pruebas fabricadas, su destino parecía sellado bajo el peso de un cinismo descarado.

En un mundo que parecía haber olvidado a estos valientes, los cubanos comunes transitaban las calles en un silencio resignado, cual rebaño conducido por sus pastores. Sin embargo, algunos, reacios a aceptar este destino sombrío, vendían silenciosamente sus posesiones y partían del país, encontrando en Nicaragua un trampolín hacia la libertad, gracias a su política de libre visado. Esta apertura de Nicaragua parecía ser un cálculo astuto de la dictadura, una válvula de escape más en la larga historia de éxodos cubanos.

Desde 1959 hasta 1962, la elite cubana emigró tras la nacionalización de industrias estadounidenses y las leyes de la Reforma Agraria. Un éxodo notable fue la Operación Peter Pan, que entre 1960 y 1962 llevó a Estados Unidos a 14,000 niños. Luego, entre 1965 y 1974, el puerto de Camarioca se convirtió en un canal de salida debido a la simpatía del presidente estadounidense Lyndon B. Johnson y la promulgación de la Ley de Ajuste Cubano, permitiendo una llegada legal a Estados Unidos. En 1980, la crisis del Mariel marcó otra oleada, seguida por la de los balseros en la década de 1990.

La válvula de escape más reciente y significativa, tras la derogación de la política "pies secos, pies mojados" por el presidente estadounidense Barack Obama, se abrió después del 11 de julio. Esta estrategia del gobierno cubano parecía destinada a aliviar la presión de la oposición en diferentes épocas, dispersándola para cumplir su máxima estratégica de "divide y vencerás". Nicaragua se convirtió en la ruta preferida para viajar a Estados Unidos a través de la frontera con México, marcando una de las mayores oleadas de emigración cubana en la historia. Enfrentarse a la muerte en el mar o en arduas travesías no era un impedimento. Morir de hambre o bajo la opresión representaba una pesadilla aún más aterradora para cualquier cubano.

A pesar de la agobiante crisis migratoria que había colapsado la frontera mexicana, una de las más graves en años, aún brillaba un atisbo de esperanza. Yúnior García Aguilera, una voz resonante en la lucha por la libertad, propuso una nueva iniciativa: una marcha pacífica y cívica programada para el 20 de noviembre. Este acto de protesta tenía como objetivo condenar la severa represión sufrida por el pueblo tras los eventos del 11 de julio y abogar por la liberación de los presos políticos, cuya detención se consideraba injusta y sin fundamentos legítimos.

El día nacional de la defensa apareció en la misma fecha de la marcha cívica entre el dieciocho y el veinte de noviembre, creando conmoción en el pueblo y ciudadanía mundial. Yúnior sabía las consecuencias: un baño de sangre era la propuesta del régimen. La paciencia es la virtud de los grandes hombres, por eso convocó a nuevas reuniones, en un fuerte debate cambiaron la fecha para el quince de noviembre, convocando así a una marcha pacífica en contra de la violencia, derecho avalado por la constitución del país. Dicho derecho, por supuesto, fue violado, porque solo el régimen se atribuye estas prerrogativas. Ejemplo claro fue las marchas por el regreso del niño Elián, también está la marcha por la devolución de los cinco héroes. El pueblo de Cuba está secuestrado y sin voz. El mundo esperaba el quince de noviembre con gran tención. Dos jueces mundiales observaban en silencio tal acontecimiento, la izquierda y derecha. La autosuficiente dictadura volvió a la carga, adelantándose. Días anteriores, en otro despliegue policial, sitiaron las casas de todos los líderes opositores que convocaron esta pacífica marcha. La orden de reprimirlos estaba dada una vez más; neutralizar a los líderes es su táctica de combate.

Sin corriente y sin internet, los lideres estaban atados de pie y manos, secuestrados en su propia casa y sin poder salir a las calles. La manifestación estaba sentenciada: el mundo veía con dolor como la democracia en Cuba era mancillada por sus opresores. Por motivos desconocidos, el dramaturgo y líder y activista, junto a su esposa Dayana Prieto se marcharon de la Isla directo a Madrid, con una visa de turismo.

La inesperada huida del activista generó una ola de críticas en las filas de la oposición, provocando una profunda sensación de traición entre los presos políticos. Esta situación remarcaba la convicción de que las grandes causas exigen grandes sacrificios, una verdad bien conocida por figuras como Daniel Ferrer, Maikel

Osorbo, Luis Manuel Otero, entre otros, sin olvidar la figura emblemática de Oswaldo Payá, mártir de la patria, así como todos aquellos cubanos que sufren condenas injustas por el simple acto de pensar diferente. La sabiduría popular, encapsulada en el refrán "si no puedes, no te metas", parecía ser una lección aún pendiente para este esquivo líder opositor.

Este nuevo revés agudizó el sentimiento de frustración en los sueños de libertad. El pueblo, sumido en el terror, permanecía en silencio, resignado a su situación opresiva. Madres y padres lloraban por sus hijos encarcelados, mientras que muchos cubanos optaban por la huida, como se ha mencionado con anterioridad. Tristemente transcurrieron dos años desde aquellos acontecimientos, y los presos políticos continuaban sufriendo abusos físicos y psicológicos. A pesar de ello, muchos se mantenían firmes en sus huelgas de hambre, y surgían nuevas figuras de resistencia. Clarita luchaba de manera incansable por su liberación, y aunque algunos presos tenían visas aprobadas para Estados Unidos, el gobierno se negaba a liberarlos, como parte de un castigo ejemplarizante para la nación.

Sin embargo, como reza la canción, por más golpes y palos que se den, el pueblo sigue clamando por libertad, un grito que, a pesar de la represión, nunca deja de resonar en el corazón de los oprimidos

Clarita se reunió con senadores americanos, convocó a nuevas marchas sin obtener el resultado esperado y acusó al gobierno cubano de abusos. Agotada, decide tomar un momento de reflexión en un lugar apartado del hogar, buscando tranquilidad. Yacía en el sofá cuando el teléfono empezó a sonar. Lo miró en varias ocasiones. Murmuró: "No se cansarán de molestar". Cedió ante tanta insistencia y terminó por contestar. Su rostro cambió de color cuando escuchó la voz de su madre.

—¡Oh, Dios mío! ¿Pasó algo, mamá?

—No, hija mía, solo quería saber de ti. ¿Te molesto?

—No, mamá, claro que no me molestas. Yo estoy bien. Solo un poco preocupada por tu estado de salud.

La anciana sonríe:

—Mi salud no me permitirá ver cómo esta dictadura cae, pero sí me permitirá ver cómo mi hija sale de prisión.

—Ay, mamá, no te voy a mentir, la cosa está fea. Esa dictadura no tiene escrúpulos, no cree en humanidad. A ellos solo les importa dar escarmientos. La niña está atrapada en sus tentáculos. No solo la quieren castigar a ella, te quieren castigar a ti. Además, el pueblo ha olvidado a los presos políticos. Ya nadie dice nada, ya nadie hace nada en Cuba, todo parece un reflejo del pasado.

—No, hija, el pueblo lo que tiene es miedo. Hay que estar en el fuego para conocer la candela. Ellos están faltos de líderes.

—Yo sé, mamá, que el que saque la cabeza en Cuba se la arrancan.

—Pero siempre, hija mía, hay algo a los que los gobierno le temen. Ellos le temen a una verdadera unidad. Sí, porque nosotros los cubanos estamos divididos. Estamos luchando por el mismo objetivo, pero por razones diferentes. Ellos le temen a la unidad de los opositores y los influencers, siendo esta la mezcla perfecta para llevar al mundo la realidad de nuestro proceso y así desenmascarar todas las mentiras a las que hemos estado expuestos por más de sesenta y tres años —dijo la madre.

—¿Me estás proponiendo algo?

—Sí, te estoy recomendando —continúa la emocionada anciana —Si tú logras unir a los influencers y opositores para caminar juntos en una misma dirección, entonces y solo entonces, el oscuro camino encontrará luz. Estoy segura de que el pueblo volverá a creer. Es decir, el pueblo los acompañará en su nuevo cabalgar.

—Disculpa, madre, pero tú me sugieres unir a Otaola, Manuel Milanés, Alexis Valdez, los Pichy Boys, Lenier y la Diosa. ¡Eso es imposible! Más fácil es hacer los doce trabajos de Hércules o secar el mar con una cuchara que unir a esta gente.

—Entonces ese será tu nuevo reto. Sé que encontrarás el vínculo. Eres una mujer inteligente y sobre todo una guerrera.

—Gracias, mamá, por adularme. Me has devuelto las ganas de luchar.

La conversación entre las dos apasionadas mujeres se prolongó por horas.

Capítulo 10

Ariel encontraba su consuelo en una máxima que resonaba siempre en su vida: "Los verdaderos amigos se conocen en los peores momentos, en la enfermedad o en la prisión". Afortunadamente, contaba con el firme apoyo de su esposa, a quien de cariño llamaba "la gorda". Las visitas constantes de sus hijos y otros familiares le brindaban un respaldo incondicional en esos momentos difíciles.

Frank, por su parte, también disfrutaba de un amplio respaldo popular, tanto social como internacional. Como artista contestatario, sus canciones de protesta le habían granjeado un fuerte apoyo. Su esposa y familiares, al igual que en el caso de Ariel, estaban siempre a su lado, ofreciéndole un soporte inquebrantable. Marlon y Amalia nunca carecían de apoyo. Sus seres queridos siempre estaban presentes.

La situación de Ortiz era diametralmente opuesta. Se encontraba solo, sin nadie en quien apoyarse y sufriendo, porque sabía que su esposa también estaba en prisión. Su padre lo había excluido de su vida, sin siquiera tomarse la molestia de visitarlo. Su madre, por otro lado, sufría en silencio su ausencia, atrapada entre el respeto y el miedo hacia su esposo, lo que la hacía vulnerable a aceptar esas duras decisiones, convirtiendo su matrimonio en una relación tiránica.

Ortiz solo mantenía contacto con sus leales compañeros de causa, Frank y Ariel, quienes le proveían de lo necesario para sobrevivir. A través de ellos, lograba comunicarse con Amalia y Marlon, aunque estos intercambios eran escasos. Debido a su pasado como policía, Ortiz no gozaba de mucha admiración ni en las calles ni en el penal, lo que lo llevaba a enfrentarse constantemente en peleas.

En su solitaria celda, Ortiz enfrentaba una realidad cruda y hostil, una en la que el gobierno le infligía peleas y conflictos como una forma de "regalía", buscando quebrantar su espíritu desafiante. Estas confrontaciones formaban parte de un cruel juego de torturas psicológicas, especialmente diseñadas para desgastar a los opositores como él. Ortiz se encontraba solo, pero no lamentaba sus decisiones.

En momentos de agudo dolor y profunda soledad, a veces se cuestionaba si todo el sacrificio había valido la pena. En esos instantes de reflexión, las lágrimas mojaban su rostro. Sin embargo, encontraba fuerza en un pensamiento recurrente, un mantra que repetía una y otra vez: "Si Jesucristo sacrificó su vida por la humanidad, ¿por qué no debería yo sacrificar la mía por mi pueblo?" Convencido, secaba sus lágrimas y respiraba profundo, hallando en la resignación un consuelo amargo pero necesario. Sabía que el camino sería arduo y lleno de obstáculos. Estaba determinado a resistir junto a sus hermanos de causa, manteniendo viva la llama de la resistencia.

Dos años habían pasado desde que Ortiz perdió todo contacto con su madre. Asumía que estaba condenado a un destierro eterno, sin saber que, a pesar de las adversidades, siempre hay alguien luchando nuestras batallas. Desconocía que su madre, enfrentándose a la frustración de su distanciamiento, lloraba en secreto, anhelando verlo. Finalmente, un día, decidió enfrentar sus miedos y desafiar a su esposo con una firmeza inquebrantable:

—Quiero ver a mi hijo. Si no me llevas, iré sola.

El coronel, furioso, le respondió:

—¡Sabes bien que no me puedes hablar de ese traidor! Yo no tengo hijo; el mío murió el 11 de julio.

Con una mezcla de indignación y dolor, ella replicó:

—Puede haber muerto para ti, en cambio, para mí jamás morirá. Igual que no moriste para tu madre el día que decidiste seguir a Fidel Castro, a pesar de que tu familia era seguidora de Batista. Si no hubiera sido por tu madre, tú no estarías aquí. Ella luchó con uñas y dientes por salvarte. Lo que no ves, es que en tu hijo se refleja tu propio pasado, y en mí, se refleja el de tu madre.

El coronel, aún más enfurecido, gritó:

—¡No hables así! Mi historia no tiene nada que ver con ese desalmado. Yo luché por una revolución justa, por un pueblo oprimido.

Con una indignación creciente, ella contraatacó:

—No me hagas reír. Esas batallas que luchaste son justas solo para ti, no para millones de cubanos que han perdido todo.

El coronel, imponiendo su autoridad, sentenció:

—Te he dicho que no lo verás y punto. No se hable más del asunto.

La mujer, ahora inundada en lágrimas y con un dolor desgarrador, le gritó dándole la espalda:

—¡Si mañana no me dejas verlo, te juro que serán dos los muertos! Te pego candela a ti y luego me mato yo, porque no puedo resistir un día más sin ver a mi hijo.

Sus pasos resonaban a lo largo del pasillo, dejando al coronel pensando en sus amenazas.

Las prisiones, especialmente para los presos políticos, son entornos desafiantes. Sujetos a maltratos psicológicos y castigos inmotivados, ser opositor en tales circunstancias es un camino lleno de dificultades, pero necesario. Ese día, mientras Ariel, Frank y Ortiz disfrutaban del aire fresco en el patio, el único respiro en su áspera rutina, un guardia interrumpió su tranquila conversación.

—Ortiz, tienes una visita.

Sorprendido, Ortiz, en tono jocoso, preguntó si acaso era la Virgen María quien venía a visitarlo. Todos rieron ante el comentario.

El guardia, con un tono más serio, replicó:

—No te hagas el gracioso, Ortiz. Me conoces de hace mucho, cuando trabajábamos juntos en la policía. Sabes que no juego con estas cosas. Además, no se debe jugar con el dolor de una madre.

—¿Madre? ¿Has dicho madre? —preguntó Ortiz. El rostro se transformó en mueca de dolor. Comenzó a sudar y las manos, intranquilas y nerviosas recaban todo el cuerpo.

—Sí, ella te espera junto al coronel —respondió el guardia con respeto.

Los ojos de Ortiz se iluminaron, y del nerviosismo pasó a un estado de emoción y sorpresa. Miró a sus compañeros, los ojos llenos de lágrimas, y con una sonrisa que denotaba su alegría, exclamó:

—Vamos, teniente, que nunca es tarde si la dicha es buena.

A medida que se acercaba al lugar de la visita, su corazón latía con más fuerza. A pesar de ser un hombre rudo, acostumbrado a no mostrar miedo, Ortiz recordó el temor que había sentido una vez, cuando estuvo a punto de perder a su amada Amalia. Ahora, ese mismo miedo se apoderaba de él ante la perspectiva de ver a sus padres.

Con voz temblorosa, el joven preguntó al teniente.

—Si hoy no es día de visita, ¿por qué tengo yo ese privilegio?

—Esa pregunta te la puedes contestar tú mismo. Tú bien sabes quién es tu papá y qué influencias tiene —respondió el teniente.

—Tienes toda la razón —asintió Ortiz—. Lo que no puede hacer Dios en la tierra, lo puede hacer un coronel comunista. Ustedes son los dueños de todo. Entonces, ¿quieres decir que soy un privilegiado?

—Deja de molestarme con tus ironías, Ortiz, y entra en esa oficina. Ahí es donde te esperan —indicó el teniente, señalando la dirección.

Ortiz se detuvo frente a la puerta, lleno de dudas y con las manos sudorosas. Había soñado con este momento tantas veces. Cerró los ojos, buscando recobrar la serenidad que parecía haber perdido, y suspiró. Con pasos lentos, que reflejaban su mar de emociones encontradas, finalmente abrió la puerta. Al otro lado, su madre, al voltearse y verlo, quedó sin aliento: su pequeño estaba allí. Corrió hacia él, desbordada de emoción y lo abrazó fuertemente. Las lágrimas brotaban incontenibles y sus manos recorrían con ansiedad el cuerpo de Ortiz, buscando señales de maltrato.

—¿Estás bien, hijo mío? —preguntó con voz temblorosa.

—Sí, madre, estoy bien —respondió Ortiz, tratando de tranquilizarla.

—Veo con tristeza que te han hecho daño.

—Solo lo necesario, madre.

Ella observó las cicatrices en su rostro, cuerpo y brazos.

—Son cosas del oficio, mamá. Me las hicieron los colegas de papá, ya sabes cómo son ellos.

Ortiz miró de reojo a su padre, que permanecía impasible como una estatua de mármol.

—Perdóname, hijo mío, te he fallado —dijo la madre, angustiada.

—¿Por qué dices eso, mamá? No te pongas así. Yo sé que no es tu culpa.

Ortiz volvió a mirar a su padre con cautela.

—Te abandoné por dos años, es triste decirlo, pero es la verdad. Te juro que eso no sucederá más. Aprendí a ser primero, madre y después mujer. Aprendí a no humillarme jamás.

—Gracias por tanto amor, madre. Sé que nunca me has olvidado, y entiendo las razones de este distanciamiento. Nunca has estado lejos de mí porque vives en mí.

—Puedo ver en tus ojos la gran metamorfosis que has experimentado, y eso me hace sentir bien.

En ese momento, se escuchó la voz rígida del coronel:

—Tú sabes lo que es perder tu libertad por una banda de ignorantes, por una banda de idiotas.

—No me llames ignorante, por favor. Ignorante es aquel que ignora sus derechos, y los míos están claros —replicó Ortiz con voz imponente.

Se acercó a su padre, mirándolo fijo a los ojos:

—Soy libre desde el momento que conocí a estos maravillosos muchachos. Ellos me enseñaron que ser libre es tener derecho a decidir mi futuro. Estas duras paredes me hacen fuerte, porque si mi espíritu es libre, mi carne lo es también.

El coronel, enfurecido, gritó:

—Me propuse no dirigirte la palabra nunca más, porque a los muertos nada se les puede decir. Pero no me puedo ir de esta vida sin decirte que has defraudado todo el amor que sentía por ti. Me has hecho quedar en ridículo. Tantas guerras ganadas para que tú, un insensato, las tires por la borda. Para mí, tú moriste el 11 de julio.

Ortiz permanecía en silencio, escuchando las ofensas del coronel, cuya respiración se tornaba más agitada, semejante a la de un toro enfurecido. Al finalizar su diatriba, Ortiz lo miró con serenidad y, con una voz suave y calmada, le respondió:

—De mí no escucharás palabras de desprecio, porque yo te amo. Eres mi padre, y de mi parte, solo encontrarás respeto. Me diste la vida, y eso un hijo tiene que agradecerlo eternamente.

La madre, asustada, intercedió:

—Por favor, no discutas con tu padre.

—No te preocupes, madre —respondió Ortiz, acariciando su mano—. Hay momentos en los que tenemos que expresar lo que sentimos de frente para sanar el corazón.

Volviéndose hacia su padre, continuó:

—No entiendo, papá, por qué debemos ser enemigos solo porque pensamos diferente. Como dice la canción de mi amigo Frank, "lo que no entiendo, que ustedes no entienden, que todos somos cubanos, aunque pensemos diferentes". No entiendo cómo una juventud que luchó contra una dictadura que hizo huelgas y protestas, no entiende nuestra lucha pacífica.

El coronel, fuera de control, gritó y abofeteó a Ortiz, quien retrocedió, poniendo sus manos detrás de la espalda, y dijo con voz suave:

—Te amo, papá. Una anciana me enseñó que el respeto es fundamental en cualquier situación. No estoy de acuerdo con tu revolución, pero te respeto como padre. Me callaré, te lo prometo, aunque mi voz se multiplicará por miles.

La madre, entre lágrimas, preguntó angustiada:

—¿Qué vas a hacer, hijo mío?

Mientras el coronel le gritaba que se fuera, Ortiz abrazó con fuerza a su madre y, dándole un beso en la frente, le aseguró:

—No tengas miedo. Solo haré lo que hacen los hombres dignos: luchar.

Ella le entregó las cosas que había traído, y él, sonriendo y sin dejar de mirarla, quería grabar ese momento en su memoria. Secando sus lágrimas, le pidió:

—Mamá, por favor, necesito algo que no me puede faltar en esta vida: tu bendición.

Ella lo abrazó repetidas veces y, con voz suave, lo bendijo:

—Que Dios te bendiga, hijo mío.

Con eso, el difícil encuentro llegaba a su fin.

El carcelero, que esperaba fuera de la oficina, mostró su comprensión poniendo su mano derecha sobre el hombro de Ortiz.

—Quiero decirte, Ortiz, que eres un ser impresionante, digno de admirar —comentó con empatía—. Yo lo escuché todo y, aunque no tengo el coraje para hacer lo que hiciste, te apoyo porque te respeto.

—Sé que muchas veces has pasado recados. Ariel me ha dicho que eres un hombre de respeto y de ley, y que puedo confiar en ti —Ortiz respondió con gratitud y le preguntó—: ¿Puedes conseguirme un teléfono y alambres?

—¿Un teléfono? Eso es candela, amigo mío. Me puedes meter en problemas si te descubren. —dijo el militar preocupado.

—No hermano, no tengas miedo. Tú has visto todo lo que me han hecho y nunca he hablado. Confía en mí, yo nunca te delataría. Solo tienes que ir a casa de mi suegra y pedirle el teléfono —aseguró Ortiz con convicción.

—Está bien, mañana trataré de que lo tengas en tus manos —accedió el carcelero, y tras una pausa, agregó —: Y los alambres, no se me olvidarán.

Después de conducir a Ortiz de vuelta a donde estaban sus compañeros, el carcelero se marchó. Ariel, en tono jocoso, preguntó:

—¿Eso fue una visita de médico?

Ortiz, con voz afligida, contestó:

—Bueno, uno tiene que conformarse con lo que le toca. Mañana será un día importante para mí y para nuestro pueblo.

Frank, mostrando su apoyo, preguntó:

—¿Qué se conmemora mañana, o qué sucederá?

—No se preocupen, mañana lo verán —respondió Ortiz con un aire de misterio.

Capítulo 11

Mientras tanto, Clarita luchaba incansablemente por unir a opositores e influencers, aunque su esfuerzo parecía en vano. Decepcionada, expresó su frustración:

—Los cubanos nos hemos convertido en una perrera. Unos gritan por aquí, otros por allá. Discutimos por cosas sin sentido. Estamos buscando un protagonismo personal, no un interés nacional.

Sus reuniones con influencers y opositores carecían de objetividad, y viejos rencores enturbiaban las comunicaciones. Cansada y decepcionada, Clarita decidió esperar el momento preciso, confiando en que eventualmente surgiría la chispa que reavivaría la llama de libertad en los cubanos.

Entonces, algo increíble sucedió: un video de Ortiz, junto a dos personas más, se hizo viral en internet, convirtiéndose en el ansiado milagro que todos esperaban.

Ortiz, decidido a sacudir los cimientos de su país y el mundo entero, planeó una huelga de hambre y sed de consecuencias extremas. Su propósito era darle al pueblo el papel protagónico: si la gente salía a las calles en demanda de su libertad, ellos sobrevivirían; de lo contrario, si permanecían meros espectadores, aceptarían su destino. Contaba con la ayuda del carcelero y sus fieles amigos, Frank y Ariel, quienes no solo apoyaron su arriesgada iniciativa, sino que decidieron unirse a ella.

Cuando llegó el momento, un video de los tres opositores se esparció por internet, conmoviendo profundamente a los espectadores. En él, Ortiz, flanqueado por sus camaradas, se dirigía al mundo con palabras llenas de fervor:

«Amado pueblo, si vuelvo a nacer, volveré a luchar por ustedes. Romper las cadenas que los oprimen es mi mayor anhelo. Mi vida y la de mis hermanos les pertenecen. Tomar decisiones en momentos difíciles es de hombres valientes. Hoy les pregunto, como le pregunté a mi padre ayer: ¿Qué sentido tiene la vida si no podemos expresar nuestros pensamientos libremente en nuestra tierra, si no podemos abrazarnos como hermanos, siendo arrastrados por el odio y el rencor? ¿Qué sentido tiene vivir en un país dirigido por personas sin escrúpulos que solo buscan beneficios personales? Si con mi vida puedo encender la llama del patriotismo en ustedes, entonces me ofrezco en una huelga de hambre y sed junto con mis hermanos de guerra —Ortiz continuó, revelando el simbolismo de su acto—. No será una huelga común. Yo, el lobo Ortiz, junto a Ariel y Frank, iniciaremos esta huelga cosiéndonos la boca con estos simbólicos alambres, mientras Frank canta la canción "Libertad". Ariel y yo procederemos a realizar este acto desgarrador, uno tras otro, hasta que nuestras voces queden enmudecidas. Así, el mundo conocerá nuestra lucha».

Con la canción de protesta "Libertad" resonando de fondo, interpretada con pasión por Frank, Ariel ayudó a Ortiz a coser su boca. Era un gesto desesperado, pero lleno de significado, un último recurso para que su voz y sacrificio resonaran en el corazón de un pueblo adormecido.

Ortiz continuó, revelando el simbolismo de su acto:

«La función del circo comenzó,
el titiritero con las cuerdas comenzó a jugar.
El títere con miedo ahora gritó:
A las calles, revolucionarios, que este pueblo
tenemos que dominar.
Lo que no entiendo que ustedes no entienden,
que todos somos cubanos, aunque pensemos
diferente.
Lo que no entiendo que ustedes no entienden,
que yo grite patria y vida, si tú gritas patria o
muerte,
si el pueblo no te quiere, esa es la realidad.
Aunque tú des golpes y palos el té grita libertad...
¡Libertad!

¡Oye, cómo se siente!

Libertad; así grita mi pueblo, mi gente: ¡Libertad!

Libertad para todos mis hermanos... ¡Libertad!

Libertad para todos los cubanos.»

El mundo fue testigo de un acto heroico y desgarrador. Un silencio sepulcral inundó el lugar mientras la sangre fluía por el rostro de los tres indomables presos políticos, cuyas acciones gritaban su descontento hacia un gobierno tiránico y abusivo. Carteles improvisados, escritos con su propia sangre, aparecían como emblemas de resistencia. Estos carteles, mostrados al mundo, reflejaban el espíritu indomable de un pueblo que clamaba: «¡Váyanse, no los queremos más! ¡Libertad para los presos políticos! ¡Abajo los Castros!» Sus voces, aunque físicamente silenciadas, resonaban con rabia y dolor a través de estos impresionantes mensajes.

Las redes sociales se inundaron rápidamente, y el clamor por justicia se hizo eco en todo el mundo. Las voces de estos valientes héroes no pasaban desapercibidas; su mensaje se escuchaba alto y claro. Este acto repentino y audaz tomó al gobierno por sorpresa.

Rápidamente, los agentes del gobierno irrumpieron en la celda, intentando retomar el control, pero sus esfuerzos fueron en vano. Las negociaciones, infructuosas, se prolongaron. Los nuevos plantados solo se retractarían si se celebraban elecciones justas en el país, con la participación de partidos de la oposición y supervisión de agencias internacionales. Asimismo, exigían la liberación de todos los detenidos el 11 de julio y de los presos políticos en general.

Este acontecimiento conmovió profundamente a todos, pero las reacciones de los cubanos, tanto dentro como fuera de la isla, fueron pasivas. Solo algunos disturbios aislados mostraban apoyo a los valientes jóvenes que se sacrificaban por un ideal mayor.

Influencers de todo el mundo utilizaron la huelga de hambre como tema principal en sus programas, convirtiéndola en contenido viral. Políticos en conferencias internacionales solicitaban ayuda desesperadamente, pero ninguna acción parecía surtir el efecto deseado. Ya habían transcurrido tres días desde el inicio de esta audaz protesta y, a pesar de no obtener los resultados esperados, los jóvenes mantenían su postura firme, alimentados por una convicción que se fortalecía con cada día que pasaba: vencer o morir.

Clarita, sintiendo ese mismo fervor en su corazón, sabía que algo tenía que cambiar. Con incansable determinación, tocó todas las puertas posibles, buscando unir a influencers y políticos en una causa común. Pero ante la falta de una respuesta favorable, la valiente guerrera tomó una decisión que para muchos rozaba la locura: se presentaría sola ante la embajada de Cuba en Washington D.C. Con su protesta, Clarita demostraría al mundo que ya no eran solo tres los que enfrentaban la muerte, sino cuatro. Su voz de protesta resonaría en solidaridad con aquellos jóvenes, en un acto de desafío y coraje que trascendería fronteras.

La determinación de Clarita resplandecía al llegar a las inmediaciones de la embajada cubana. Vestida de blanco y salpicada de pintura roja, simbolizaba la sangre derramada por los valientes jóvenes. Su atuendo capturó la atención de todos, marcando un momento crucial. Subiéndose a una pequeña silla, Clarita llamó a la multitud:

«Amigos, hoy quiero convocar a una huelga mundial. Estoy aquí haciendo un llamado a todos los cubanos, estén donde estén, para que alcen la voz contra esa cruel dictadura que los oprime. Hagamos temblar al mundo; lo podemos lograr si juntos caminamos en un solo sentido, en una misma dirección. Quiero expresar mi eterno apoyo a estos jóvenes que hoy sufren en las cárceles cubanas. Estos nuevos plantados mantienen heroicamente una huelga de hambre y sed, expresando así su total desprecio a tanta injusticia. Están pidiendo libertad para los presos políticos, libertad para una nación que carece de ese tan necesario derecho. Estoy aquí para unir a todos mis hermanos cubanos en una sola causa, ya que hoy tristemente estamos divididos, vivimos en una competencia a ver quién grita más. Desafortunadamente, y sin sentido, no estamos caminando en una misma dirección. La unidad de todos se ha perdido, y nos hemos convertido en personas egoístas. Por eso, hoy rompo el silencio preguntándoles a ustedes, mis hermanos: ¿Qué intereses personales motivaron a estos tres guerreros a sacrificar sus vidas, sino el interés de una Cuba libre? Ellos están allí porque están convencidos de que un cambio justo es posible en nuestro país. Están allí porque tienen identidad propia, convencidos de que unidos podemos vencer. No están allí porque quieren, están allí por nosotros. Entonces, ¿es justo darles la espalda a estos incansables luchadores? ¿Es justo olvidarlos?»

—¡No! —respondió la ya aglomerada multitud mientras los teléfonos filmaban su osado gesto.

—«Por eso estoy aquí, frente a la embajada cubana, para hacer público el comienzo de esta huelga de hambre y sed. Ya no son solo tres los que piden libertad, ya somos cuatro, y sé que pronto seremos muchos más. No comienzo con la osadía de estos tres héroes, porque sinceramente no tengo el valor de coserme la boca como estos titanes. Pero he traído este simbólico trapo, en él está dibujada una boca cosida con alambres, similar a la de mis hermanos, para expresar mi apoyo incondicional a ellos, resaltando los valores por los cuales nuestra oposición lucha: amor, justicia, paz y libertad. ¡Viva Cuba libre! ¡Libertad para los presos políticos! ¡Libertad para mi pueblo!».

Clarita, sin pronunciar una palabra más, se colocó el simbólico trapo en la boca, amordazando su voz, pero no su espíritu. Con la energía que la caracterizaba, comenzó a levantar carteles de protesta, uniéndose al silencio de sus compañeros. Pronto, su esposo y sus hijas se sumaron a ella, mostrando su apoyo incondicional con carteles que decían: «Te amamos, mamá, estamos orgullosos de ti, libertad». Clarita no hacía más que llorar de emoción ante tal muestra de solidaridad. Las cámaras capturaban cada momento, y poco a poco, jóvenes y gente de todas las edades se unían a la multitud. Rompiendo pulóveres blancos, dibujaban con plumas y crayones rojos el ya icónico trapo.

Las redes sociales se inundaron de imágenes y videos de la protesta, despertando al mundo entero. Cubanos alrededor del globo gritaban al unísono por la libertad, y las calles de Barcelona, Francia, Cuba, México y otros países se llenaban de manifestantes. Las embajadas, sorprendidas y temerosas, observaban a los indignados participantes. Lo que comenzó el 11 de julio, se transformó, en la actualidad, en el mayor movimiento de plantados en el mundo.

Las proféticas palabras de Ortiz a su padre se habían hecho realidad: el mundo estaba hablando por ellos. Frente a la embajada cubana en Washington, lo que empezó con Clarita y su familia, ahora se había convertido en una multitud. Cuatro se habían convertido en miles.

De repente, un acontecimiento extraordinario impactó a Clarita. No podía creer lo que veía. Emocionada hasta el fondo de su corazón, comenzó a llorar al ver que la unidad que su madre anhelaba se había logrado. La guerra entre políticos e influencers había terminado; ahora todos caminaban en la misma dirección. Alexander Otaola, el más grande influencer cubano, apareció, estrechando las manos de sus homólogos y contrincantes, entre ellos Manuel Milanés. Sin rencor, los Pichy Boys y Alexis Valdés levantaban consignas, unidos en un mismo propósito.

Los senadores María Elvira Salazar y Marco Rubio se unieron a la causa, vistiendo el mismo atuendo simbólico que había inspirado a tantos. Tomados de la mano, se sumaron a la multitud que escuchaba la emotiva canción "Patria y Vida". La presión que ejercían era inmensa, traspasando cualquier límite previamente conocido.

En un momento conmovedor, la madre de Clarita, participando en un programa en vivo dirigido por Alexander Otaola, los Pichy Boys y con la presencia de varios influencers famosos desde el mismo corazón de la manifestación, se dirigió a su hija con palabras que llegaron al corazón de todos los que las escuchaban. Tras un profundo suspiro y un instante de silencio, dijo:

—Hija mía, quiero decirte que estoy agradecida con Dios por darme las dos hijas más maravillosas del mundo, dos guerreras, dos leonas. Estoy orgullosa de ambas y mi apoyo siempre estará con ustedes.

Clarita, conmovida hasta las lágrimas, escuchaba a su madre, cuyas palabras resonaban en todo el mundo:

«Sabes, hija, la lealtad es un sentimiento que pocos pueden saborear. Mi lealtad con ustedes es infinita. No te daré la espalda esta vez como lo hice la última vez que nos vimos en Cuba. Esta vez, te doy mi bendición y te apoyo hasta las últimas consecuencias. Yo, una anciana con cáncer, también doy mi aporte.»

Con determinación, la anciana sacó el simbólico trapo y, al ponérselo lentamente, mostró un cartel que expresaba la esencia del amor materno:

«Hijas mías, las amo. Queremos libertad».

Clarita, inicialmente en desacuerdo, se detuvo al escuchar los aplausos unánimes que celebraban el valiente gesto de su madre. El grito de "¡Te queremos, libertad!" iniciado por Otaola y seguido por todos los presentes, resonó en las paredes de la embajada cubana como cañonazos, no solo en Estados Unidos sino en todo el mundo. Muchos se maravillaban preguntándose de qué madera estaba hecha tan extraordinaria familia.

«Este caduco gobierno —continuó la anciana—, es una vieja olla de presión que esta vez no aguantará tanta presión. Se lo prometo.»

Con esas palabras, el mensaje de la anciana llegó a su fin. Clarita, emocionada, tomó la mano de su esposo e hijas, uniendo su fuerza. En un instante, todos los presentes replicaron la acción de Clarita, formando así una impresionante barrera de unidad.

El carcelero, que en secreto había estado apoyando a los manifestantes, les traía actualizaciones con noticias frescas. Informaba a cada uno de los debilitados manifestantes, dejando para el final al lobo Ortiz.

«Amigos, lo han logrado», anunció emocionado. «El pueblo de Cuba y el mundo entero los están apoyando como nunca. No hay un rincón, una casa donde la gente no muestre los simbólicos trapos que hoy recorren el mundo.»

Con cuidado, el carcelero les mostró las impactantes imágenes que circulaban globalmente. Ortiz, al verlas, lloró de alegría. Aunque quería sonreír, los alambres de su boca se lo impedían; solo el brillo de sus ojos reflejaba su inmensa satisfacción.

El apoyo no vino solo del pueblo común. La madre de Ortiz, en un acto de rebeldía, se acercó al coronel y, sin decir palabra, sacó un trapo similar al que el mundo compartía. Se lo colocó y, con paso firme, abrió la puerta de par en par, desafiando al coronel con la mirada. Este, con un pequeño gesto, dio su aprobación. Ella salió a las calles sosteniendo un cartel que pedía libertad para los presos políticos.

La presión internacional crecía, obligando al indomable gobierno a aflojar las cadenas. Llegaron a un acuerdo con los amotinados: la liberación de todos los presos políticos y la negociación para nuevas elecciones con protagonismo de los opositores era ya un hecho.

Epílogo

Ortiz apenas podía creer lo que habían logrado. El mundo celebraba la gran noticia, incluso transmitida por canales de televisión cubana. Las madres lloraban de alegría por el regreso de sus hijos. Marlon y Amalia fueron liberados, mientras que Ortiz, Frank y Ariel eran trasladados al hospital más cercano para su recuperación.

Tras algunos días, los héroes, recuperados, recibieron el alta. Habían disfrutado de la compañía de sus seres queridos, ansiosos por respirar aire puro, un simbólico momento soñado y que hoy formaba parte de su realidad; interactuar con el pueblo que los esperaba fuera del hospital era su mayor anhelo. Ese amado pueblo que no se doblegó jamás cuando reclamaba su liberación. Dispuestos a salir del hospital, Ortiz dijo:

—Amigos, ¿no encuentran ustedes raro, que Amalia, Marlon y ninguno de nuestros familiares estén aquí? ¿No creen que hay gato encerrado?

—De que está raro, está raro —dijo Ariel de forma calmada y prosiguió—: Alguna sorpresa nos quieren dar.

—Entonces, nos haremos los sorprendidos —comentó Frank, de forma jocosa.

A pocos pasos de la sala, un estruendo estremecedor activó las alarmas en los jóvenes. La desconfianza había sido su mayor defensa en el pasado. La sonrisa se dibujó en sus rostros, al percatarse de lo que sucedía. Los aplausos de doctores, enfermeras y pacientes marcaban el inicio de un largo agradecimiento por parte del pueblo. Ahora, todos podían expresarse libremente sin ser reprimidos.

Los aplausos resonaron a través de las paredes del hospital, propagándose con rapidez. En cuestión de segundos, la gente en la calle se sumó, aplaudiendo al unísono, como si sus corazones latieran al mismo ritmo. La ovación creció exponencialmente, uniéndose miles de palmas en un eco sonoro. Amalia y Marlon, junto a sus familiares y la comunidad, habían organizado un cálido recibimiento. Este acto simbolizaba su profundo agradecimiento por un sacrificio inmenso. Los esperaban con trapos simbólicos cubriendo sus bocas, un gesto de solidaridad y triunfo.

Los carteles, que clamaban por libertad, se alzaban en todas partes, símbolo de una lucha por la verdadera y justa libertad que al fin daba sus frutos. El aire fresco de la libertad acariciaba el rostro de los tres héroes, quienes suspiraron profundo. Todos se fundieron en un cálido abrazo, lo que la dictadura había separado con su represión, el pueblo con su reclamo lo había vuelto a unir.

Frank, con los ojos cerrados, dejó escapar una pequeña melodía, una canción de libertad que resonaba en la voz de su pueblo. La multitud se unió a él, formando un coro impresionante:

«Libertad, oye cómo se siente,
libertad, así grita mi pueblo, mi gente,
libertad, libertad para todos mis hermanos,
libertad, libertad para todos los cubanos».

Una periodista de la Agencia de noticias Reuters, se acercó a los cinco héroes, ansiosa por hacerles la pregunta que todos esperaban:

—Por favor, ¿me podéis decir qué se siente al volver a tener esperanzas de cambio?

Los cinco amigos intercambiaron miradas. Ortiz respondió:

—No hemos alcanzado aún nuestro objetivo.

—Nuestra lucha por el bienestar y los derechos de nuestro pueblo apenas comienza —dijo Frank.

—El triunfo aún nos aguarda —concluyó Ariel. La periodista se volteó hacia la cámara y dijo:

—Para el mundo, esta fecha será recordada como el "11J: El Despertar de un Pueblo", un punto de inflexión en la historia de una nación que ansía transformación y justicia. La determinación y la esperanza se refleja en los ojos de los héroes y de todos aquellos que se han sumado a su causa, conscientes de que el camino hacia un futuro mejor recién empieza.

Datos del autor

Daniel Pérez Vega nació el 27 de septiembre de 1972, en la provincia de Santiago de Cuba, Cuba, en una familia humilde. Fue criado por su abuela paterna. Se graduó en el instituto preuniversitario Tony Alomá Serrano. Emigró a los Estados Unidos en junio del 2013.

Esta es su tercera incursión como autor. Siempre deseó hacerlo. Su mente nunca descansaba; se inventaba historias una y otra vez, que plasmaba en hojas de papel. Historias que se quedaron ahí esperando salir a la luz.

En su haber como autor tiene La fuerza del amor y La vida como un cigarro, ambas autopublicadas en Amazon en el 2021.